1 x 1 des Flirtens

Zum Buch

Der Flirt als leichte, spielerische Kontaktaufnahme, der eine Beziehung vorbereiten kann, ist das faszinierende Thema dieses Buches. Wir leben in einer Zeit, da die Zahl der Singles immer mehr zunimmt – und damit auch der Wunsch nach Kontakten. Aber wie können wir uns näherkommen? Regina Hamburger lehrt die hohe Kunst des Flirtens von Grund auf: Sie klärt die notwendigen Voraussetzungen zum Flirt, hilft uns, Mut zum Kontakt zu finden, Hemmungen und Erfolgsdruck abzubauen, größere Anziehungskraft zu entwickeln und einen ganz persönlichen Flirtstil zu entwickeln. Besondere Anschaulichkeit erhält dieses 1 x 1 des Flirtens durch zahlreiche Beispiele und praktische Übungen.

Zur Autorin

Regina Hamburger ist Klinische Psychologin und Psychotherapeutin. Sie ist verheiratet und lebt in Düsseldorf. In ihrer Praxis und als Autorin geht sie der Frage nach, wie Menschen sowohl zu sich selber, als auch zu anderen gute und fruchtbare Beziehungen entwickeln können. Im Econ Taschenbuch Verlag sind außerdem *»Aller Liebe Anfang«* (TB 26118-5) und *»Wenn die Liebe geht«* (TB 26213-0) erschienen.

Regina Hamburger

1 x 1 des Flirtens

Mit 19 Zeichnungen
von Antons

Econ & List Taschenbuch Verlag

Veröffentlicht im Econ & List Taschenbuch Verlag

Der Econ & List Taschenbuch Verlag
ist ein Unternehmen der Econ & List Verlagsgesellschaft, München

Neuausgabe 1998
3. Auflage 1999
Umschlagkonzept: Büro Meyer & Schmidt, München – Jorge Schmidt
Umschlagrealisation: Init GmbH, Bielefeld
Titelabbildung: Image Bank, Düsseldorf
Die Ratschläge in diesem Buch sind von Autorin und Verlag sorgfältig erwogen und geprüft; dennoch kann eine Garantie nicht übernommen werden. Eine Haftung der Autorin bzw. des Verlages und seine Beauftragten für Personen-, Sach- und Vermögensschäden ist ausgeschlossen.
Gesetzt aus der Optima
Satz: Dörlemann Satz, Lemförde
Druck und Bindearbeiten: Ebner Ulm
ISBN 3-612-26535-0

Für ANTONS

Danksagung

Bei all den Menschen, die zu meinem »Beziehungsnetz« gehören, möchte ich mich für ihre Anregungen und ihre wohlwollende Unterstützung bedanken, ohne die ich dieses Buch wohl nicht geschrieben hätte. Im besonderen danke ich Bärbel Hohnstädt, die eine echte »Wertschätzerin« ist und deren Freundschaft mir eine wertvolle Rückenstärkung ist; Johanna Leclerc-Springer und Melita Künne-Rosenkranz, die mir mit freundschaftlich-kollegialem Rat beigestanden haben; Gisela Rudolf, die mir wertvolle Hilfestellungen gab, um mein Projekt nach außen zu bringen; Dr. Peter Kirfel, der stets ein offenes Ohr für meine Ideen hat und es mir ermöglicht, meine Kursprojekte zu verwirklichen; den Teilnehmern meiner Kurse, von denen ich viel gelernt habe; all den Menschen, die mir bereitwillig ihre Flirt-Geschichten erzählt haben; Christina Seitz, die mir als freundliche und behutsame Lektorin eine große Hilfe war. Vor allem danke ich Antons für seine beständige und lebendige Anteilnahme.

Inhalt

Vorgeplänkel

Bevor ich anfange, mit einer neuen Gruppe von Menschen zu arbeiten, etwa in Kursen, Workshops oder Seminaren, versuche ich mir vorzustellen, in welcher Ausgangslage die Teilnehmer sind, was sie erwarten und wohin sie durch unsere gemeinsame Unternehmung kommen wollen.
Wen wird solch ein »Lebenshilfebuch« ansprechen?
Ich selbst greife seit vielen Jahren in bestimmten Lebenslagen immer wieder gern zu Ratgebern oder Lebenshilfebüchern. Im Unterschied zu anderen Büchern – in meinem Fall psychologischen Fachbüchern – finde ich hier häufig auf leichte und unterhaltsame Weise sehr komplizierte Dinge dargestellt.
Solch ein Buch kann ich in der Straßenbahn oder zwischendurch zur Erholung lesen. Für mich ist es eine Nebenbeilektüre, ein angenehmer Zeitvertreib, der mich erstaunlicherweise aber oft zu neuen Sicht- und Verhaltensweisen anregt. Gelegentlich bin ich richtig hineingeraten, habe solch ein Buch verschlungen. Manchmal blättere ich auch beim Fernsehen darin, lese hier und da mal etwas und lege es wieder weg. Ich weiß, daß ich in solchen Büchern oft ziemlich Banales finde, Binsenweisheiten, und eigentlich Selbstverständliches. Aber in der Beschreibung alltäglicher Begebenheiten wurde mir auch manches klar, was mir in theoretischer Darstellung nicht in den Kopf wollte.

Als Ratgeberautorin sehe ich mich in einer Zwischenposition: Ich beziehe Erkenntnisse der Psychologie auf unseren ganz normalen Alltag. Und das geschieht von einem Standpunkt aus, der sich aus der Beschäftigung mit psychologischen Modellen, vor allem aus der klinischen Psychologie, und aus meiner beruflichen und persönlichen Erfahrung entwickelt hat. Ich erhebe keinen Anspruch darauf, im Besitz absoluter Wahrheiten zu sein. Betrachten Sie meine Beschreibungen und Auslegungen in diesem Sinne als subjektiv. Vielleicht entdecken Sie manches, das auch Ihrer subjektiven Betrachtungsweise entspricht. Vielleicht empfinden Sie manches als krasse Behauptung, die für Sie so nicht nachvollziehbar ist. Aber vielleicht ist das, was ich beschreibe und erläutere, für Sie auch eine interessante Anregung, die Dinge versuchsweise einmal aus meinem Blickwinkel anzuschauen.
Neben dem Vergnügen, das ich beim Lesen dieser Buchgattung habe, haben diese Bücher für mich noch einen anderen Wert. Gerade weil ich nicht so ehrfürchtig bin, fällt es mir leichter, mich damit kritischer auseinanderzusetzen. Der Autor ist für mich ein Mensch »wie du und ich«, jemand, der auch unvollkommen ist. Mein Verhältnis zu ihm ist unverkrampft. Manchmal denke ich, »so ein Blödsinn«, aber auch, »ja, genauso ist es; das kenne ich« und, »das ist aber ein interessanter Aspekt«. Es ist also mehr ein kameradschaftliches, nachbarschaftliches Verhältnis als das gegenüber einer wissenschaftlichen Autorität.
Mein Anliegen hier ist es nun, Sie zu unterhalten, zu informieren und zum Experimentieren zu ermuntern. Sicher kennen Sie vieles, was ich beschreibe, aus eigenem Erleben. Vielleicht haben Sie es einfach nur noch nicht auf diese Weise betrachtet. Wenn man die Dinge einmal ein klein wenig anders sieht, kann es sein, daß man Lust bekommt,

auch einmal andere Verhaltensweisen auszuprobieren. Dieser Effekt tritt häufig in meinen Flirtkursen auf.
Dieses Buch nun möchte die ganz handfesten Dinge aus unserem Alltag aufgreifen und Möglichkeiten zeigen, wie wir mit unseren ganz normalen Schwierigkeiten einmal anders umgehen könnten.
Sie fragen sich jetzt vielleicht, um welche Schwierigkeiten es beim Thema »Flirten« gehen könnte. Nun, ein Flirt hat zunächst einmal etwas mit Kontakt zu tun. Wenn wir flirten, nehmen wir zu einem anderen Menschen Kontakt auf, treten in Beziehung zu jemandem.
Als soziale Wesen sind wir auf zwischenmenschliche Kontakte angewiesen. Um der zu werden, der wir sind, um uns selbst zu verwirklichen, müssen wir einerseits die in uns angelegten Fähigkeiten – Talente, Begabungen – entwickeln; und andererseits brauchen wir andere, die uns Anstöße dazu geben, von denen wir etwas lernen können, die uns den Rücken stärken, uns Mut machen und Anerkennung geben, die uns verstehen und lieben und uns notfalls auch kritisieren.
In unserer auf Leistung und Aktivität ausgerichteten Kultur scheinen unsere zwischenmenschlichen Beziehungen in einen Schattenbereich abgedrängt zu sein. Im Verfolgen beruflicher Ziele und bei der Jagd nach Erfolg verliert manch einer den Anschluß an den anderen Menschen. Paarbeziehungen zerbrechen unterwegs, und man begnügt sich mit oberflächlichen Kontakten zu Geschäftsfreunden oder zu Mitgliedern des Sportklubs. Es bleiben weder Zeit noch Kraft, herzliche Beziehungen zu den Menschen zu pflegen, die anderen Seiten des eigenen Wesens nahestehen.
Jemand, der seine Talente entfaltet und seine Produktionen anderen zugänglich macht, hat meine volle Bewunderung. Aber Einseitigkeiten und Perfektionismus in einem Bereich

führen, dauerhaft betrieben, zu seelischem Stillstand. Wir sind alle mehr oder weniger vielfältig angelegt. Manchmal ist es notwendig, sich auf einen Bereich, eine Seite zu begrenzen, um dort etwas zu verwirklichen. Der Aufbau eines eigenen Unternehmens etwa oder der Erwerb einer anspruchsvollen beruflichen Qualifikation verlangen vorübergehend den ganzen Einsatz. Aber irgendwann machen sich die stillgelegten Seiten bemerkbar, sei es durch lähmende Unzufriedenheit oder in körperlichen Symptomen. Wir sind nicht nur Leistende, sondern brauchen auch Beziehungen zu anderen Menschen. So wie wir viele Fähigkeiten im Beruf, für die Erledigung unseres Haushaltes und bei unseren Freizeitaktivitäten entwickeln müssen, so müssen wir auch verschiedenartige Beziehungen zu unterschiedlichen Menschen sich entwickeln lassen.

Die Kehrseite unserer glänzenden Leistungs- und Wohlstandsgesellschaft zeigt sich in der zunehmenden Anzahl von Menschen, die psychotherapeutische Hilfe in Anspruch nehmen müssen, weil sie sich irgendwie »gestört« fühlen. Bei diesen »Störungen« handelt es sich um Störungen im Beziehungsbereich, und zwar in der Beziehung des einzelnen zu sich und in den Beziehungen zu anderen.

Was den Leistungsbereich betrifft, haben wir längst akzeptiert, daß es notwendig ist, dazuzulernen, auf dem laufenden zu bleiben und unsere Fähigkeiten weiter auszubauen. Wir besuchen Kurse zur beruflichen Weiterbildung und lernen in unserer Freizeit neue Sprachen und kreative Fertigkeiten. Wie steht es aber mit unserem Verhältnis zu uns selbst? Und wo können wir bei all den Anstrengungen Kraft und Zuversicht schöpfen? Offenbar betrachten wir die Fähigkeit, unsere Beziehungen zu uns selbst und zu anderen befriedigend zu gestalten, als etwas Selbstverständliches.

Ich verstehe meine Arbeit als Weiterbildungsangebot in

Fragen des Beziehungsbereichs. Dazu gehören meine Tätigkeit als psychologische Beraterin bei Lebenskrisen und die Arbeit mit Gruppen im Rahmen der Erwachsenenbildung. Unter anderem biete ich seit Jahren Kurse zur Partnersuche an. Dort erarbeite ich mit Menschen, die nicht mehr zwanzig sind, Strategien, wie sie – sozusagen in der »zweiten Runde« – den passenden Partner finden können. Wenn man zu jemandem geworden ist, mit Ecken und Kanten, Vorlieben und Abneigungen und ganz bestimmten Vorstellungen von einer Beziehung, ist es notwendig, viele Menschen kennenzulernen, bis man der oder dem »Richtigen« begegnet. Die Teilnehmer fragten mich, ob man nicht auch das Flirten in solchen Kursen behandeln könnte. Flirten ist ja nun mal die vergnüglichste Art, jemandem näherzukommen, und es ist auch eine Form des Kontakts, mit der es sich gut ausprobieren läßt, ob zwei »auf derselben Wellenlänge funken«. Seitdem habe ich viele Flirtkurse und Flirtworkshops gegeben, und die Erfahrungen, die ich dort sammeln konnte, sind ein wesentlicher Bestandteil dieses Buches.

Für wen könnte dieser Ratgeber interessant sein?

Ich stelle mir vor, es könnten Menschen sein, die das Gefühl haben, sie könnten ihre Fähigkeiten, auf andere zuzugehen, verbessern.

Vielleicht haben Sie auch einfach nur beim Lesen des Titels gestutzt und möchten etwas Leichtes, Heiteres lesen. Möglicherweise haben Sie sich auch vom Titel zu der Frage anregen lassen: Was ist das überhaupt? Diese Frage ist nicht leicht zu beantworten. Man hat so eine Ahnung, was das sein könnte; aber je mehr man darüber nachdenkt, desto unklarer wird es.

Ein Blick in den Duden ist nicht sehr ergiebig: »Liebelei; harmloses, kokettes Spiel mit der Liebe« steht da. Wie soll

man so etwas wohl unterrichten können? Oder wie könnten dafür Ratschläge aussehen?
Die Idee entstand, wie gesagt, aus Kursen für Menschen, die einen Partner suchen. Das ist ja nun eine ernste Angelegenheit. Die Erfahrung zeigt, daß aber gerade allzuviel Ernsthaftigkeit und vor allem zu hohe Erwartungen das Kennenlernen sehr erschweren können.
Stellen Sie sich vor, jemand hat sich nach reiflicher Überlegung dazu entschlossen, sich eine Lebensgefährtin zu suchen. Im stillen hat er einmal alle Frauen Revue passieren lassen, die ihm in der letzten Zeit öfter auf dem Nachhauseweg oder beim Einkaufen begegnen, und hat sich für eine entschieden. Als er sie beim nächsten Mal wieder im Supermarkt sieht, faßt er sich ein Herz, tritt auf sie zu und sagt: »Entschuldigen Sie, daß ich Sie anspreche. Ich heiße Heinrich und bin auf der Suche nach meiner zukünftigen Ehefrau. Wollen Sie meine Lebensgefährtin sein?«
Diese Art der Kontaktaufnahme dürfte mit großer Wahrscheinlichkeit nicht sehr erfolgreich sein. Ganz abgesehen davon ist unser Heinrich sicherlich viel zu befangen in der Vorstellung von seiner Traumfrau, als daß er auf diese lebendige Frau überhaupt genügend eingehen könnte, um sie kennenzulernen. Ich würde ihm raten, den Wunsch nach der Lebensgefährtin vorläufig zurückzustellen und erst einmal zu üben, wie man überhaupt mit anderen Menschen in Kontakt tritt.

Flirten – was ist das überhaupt?

Wahrscheinlich wissen Sie ungefähr, was das ist, möchten aber gern mehr und Genaueres darüber erfahren. Vielleicht haben Sie sich gefragt, ob Sie es gelegentlich tun oder ob man es können muß. Man muß es nicht. Aber wenn Sie flirten, werden Sie sich gleich ein bißchen besser fühlen, und die Atmosphäre um Sie herum wird sich ein wenig erwärmen. Es ist eine kleine Sache, die oft unbeachtet vorübergeht, die aber durchaus große Folgen haben kann.
Vermutlich haben Sie beim Thema »Flirten« als erstes daran gedacht, daß es etwas mit der erotischen Spannung, mit der knisternden Anziehung zwischen einer Frau und einem Mann zu tun hat, daß ein Kribbeln im Bauch dazugehört und ein bißchen Aufgeregtheit und Angeregtsein.
Hier wird der Begriff etwas weiter gefaßt: Ich verstehe darunter eine bestimmte Art, mit anderen Menschen in Kontakt zu treten, und zwar eine leichte, spielerische, beschwingte, kreative. Ein Flirt ergibt sich, er läßt sich nicht planen. Er geschieht einfach, wenn die Bedingungen günstig sind. Er macht unseren Alltag ein wenig heiterer und lebenswerter. Seine Bandbreite reicht vom kleinen Lächeln, mit dem wir den unbefangen neugierigen Blick eines Kindes beantworten, über das Scherzwort, mit dem wir ein Mißgeschick entschärfen – etwa, wenn wir an der Supermarktkasse versehentlich zuwenig Geld herausbekommen –, bis hin zum er-

regenden »Spiel mit dem Feuer«, das zwischen zwei Menschen eine Liebesgeschichte einleiten kann.
Sie kennen das wahrscheinlich: Sie wachen auf, und es geht Ihnen gut. Die Sonne scheint, und Sie haben genug Zeit, den Tag in aller Ruhe zu beginnen. Vielleicht hängen Sie noch der angenehmen Stimmung eines bunten Traumes nach, an den Sie sich aber nicht mehr genau erinnern können. Ihre Tasse Kaffee schmeckt Ihnen. Sie fühlen sich frisch und unbeschwert. Stillvergnügt machen Sie sich auf den Weg zur Arbeit.
Vielleicht haben Sie erst kürzlich ein schwieriges Problem gelöst oder eine anstrengende Aufgabe bewältigt. Vielleicht haben Sie auch gerade eine Grippe überwunden. Jetzt fühlen Sie sich wieder frei und wohl in Ihrer Haut. Sie können sich an den kleinen Dingen des Alltags erfreuen, am blauen Himmel, am Grün der Bäume und Büsche. Der Duft frischer Brötchen liegt in der Luft, als Sie an der Bäckerei vorbeikommen. Sie haben heute keine besonderen Pläne; die Arbeit, die Sie erwartet, wird Ihnen leicht von der Hand gehen. Sie sind offen für das, was der Augenblick Ihnen bringt.
Am Kiosk sind Sie angenehm überrascht, als die Zeitungsfrau gleich weiß, welches Blatt Sie haben wollen. Ganz gegen Ihre Gewohnheit wünschen Sie ihr »einen schönen Tag noch« – und meinen es auch so. Sie steigen in die Straßenbahn. Aber heute versenken Sie Ihre Nase nicht sofort und automatisch in die Zeitung, sondern betrachten Ihre Mitreisenden. Die meisten scheinen noch nicht in dieser Wirklichkeit angekommen zu sein; sie starren blicklos aus dem Fenster oder haben ein Boulevardblatt zwischen sich und ihren Nachbarn aufgeblättert. Manch einer sieht aus, als schliefe er noch; vielleicht hat er sich noch nicht ganz von seinen Träumen losreißen können. Sie schauen aus dem Fenster und bemerken, wie unterschiedlich die Menschen draußen

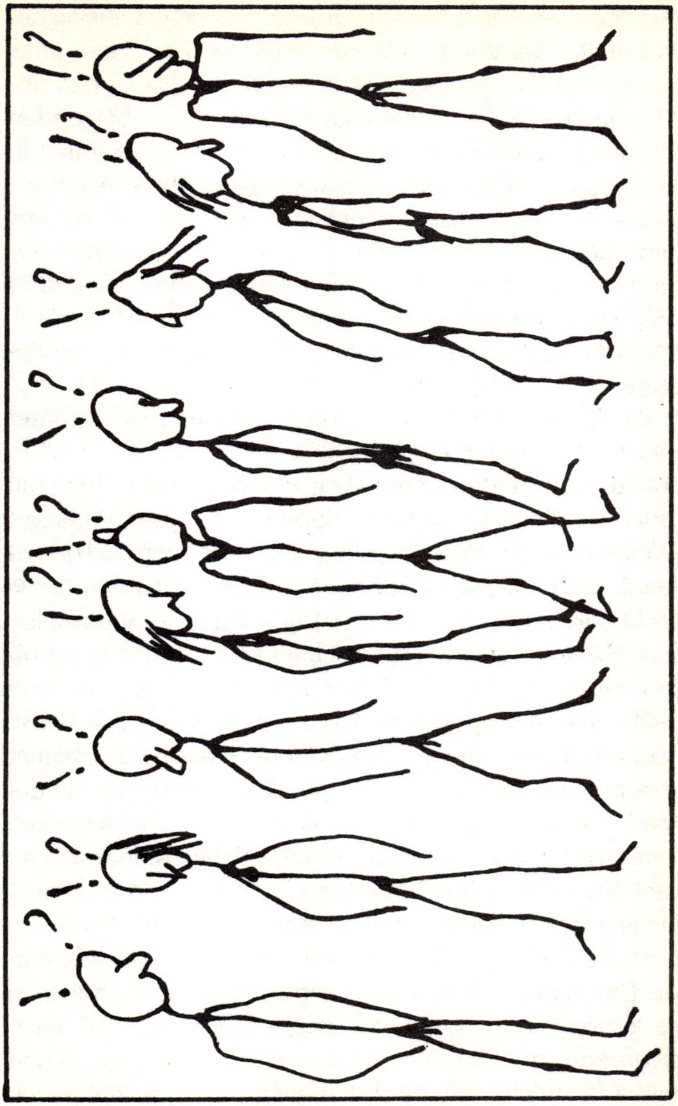

gekleidet sind. Die Bahn hält, und Sie beobachten die an der Haltestelle Wartenden. Da begegnet Ihr Blick dem eines anderen; er dauert einen Sekundenbruchteil länger als üblich. Sie lassen Ihre Augen kurz zu den sich balgenden Schulkindern schweifen. Dann kehren sie zu dem sympathischen Wartenden zurück. Er lächelt Sie an, und Sie merken, während Sie sein Lächeln erwidern, wie Ihnen warm ums Herz wird. Da fährt die Bahn auch schon weiter. Einen Augenblick lang genießen Sie dieses angenehme Gefühl in Ihrer Brust. Da hat Ihnen jemand ein kleines Geschenk gemacht. Das nehmen Sie jetzt mit in Ihren Tag. Was sollte heute noch schiefgehen?

Ist das für Sie schon ein Flirt, oder verstehen Sie darunter eher die folgende Episode?

Eine junge Frau ist auf dem Weg zu einer Verabredung mit ihrer Freundin. Es ist kurz nach sieben Uhr abends. Während sie eilig eine Straße entlanggeht, fragt sie sich, weshalb sie zu den Treffen mit ihrer Freundin so oft zu spät kommt. Sie denkt darüber nach, daß sie ziemlich lange vor ihrem Kleiderschrank gestanden hat, Verschiedenes anprobiert hat, bis sie etwas fand, das zu ihrer heutigen Stimmung paßt. Jetzt gefällt sie sich in ihrem Outfit. Sie hat Freude an sich selbst. Während sie mit einem Teil ihres Denkens damit beschäftigt ist herauszufinden, wieso sie eigentlich erst so spät mit der Wahl ihrer Kleidung angefangen hat, fällt ihr ein Mann auf, der ein paar Meter vor ihr die Straße entlangschlendert. »Der sieht aber von hinten attraktiv aus«, denkt sie, »mal sehen, wie er von vorn aussieht.« Als sie ihn überholt, schaut sie ihn sich kurz an. Er gefällt ihr. Dann muß sie an einer Ampel warten. Der Mann stellt sich neben sie und fragt: »Entschuldigen Sie, können Sie mir sagen, wie ich von hier aus zur Kunstakademie komme?« Sie lächelt ihn an, wendet sich ihm zu und sagt: »Da muß ich gerade mal überlegen. Am besten gehen

Sie hier rechts und dann links und dann ...« Sie weiß nicht mehr weiter, verhaspelt sich. Er hat ihr scheinbar aufmerksam zugehört, betrachtet sie lächelnd, während sie sich abmüht, eine einigermaßen klare Wegbeschreibung zu geben. Sie ist nämlich mit etwas anderem beschäftigt, denkt: »So, so, Kunstakademie – das scheint ja nicht nur ein gutaussehender, sondern auch ein interessanter Mann zu sein. Ist er wohl Student dort? Nein, dazu ist er schon zu alt. Hat er beruflich da zu tun, oder ist die Kunstakademie nur ein Anhaltspunkt für etwas anderes, das er dort sucht?« Sie sagt: »Am besten gehen Sie hier geradeaus weiter, bis Sie zum Rhein kommen.« – »Da muß ich aber aufpassen, daß ich da nicht reinfalle«, wendet er in schäkerndem Ton ein. »So, wie Sie aussehen, können Sie bestimmt schwimmen«, kontert sie.

Während die beiden in diesen Wortwechsel verstrickt sind, wechselt die Ampel mehrmals von Rot auf Grün. Schließlich fragt er sie, ob sie nicht zufällig gerade Lust und Zeit habe, mit ihm einen Kaffee zu trinken. Blitzschnell entscheidet sie, ihn in das Bistro mitzunehmen, wo sie mit ihrer Freundin verabredet ist. Jetzt können sie ihren Weg gemeinsam fortsetzen, und wir können uns vorstellen, daß sie anfangen wird, ihre Neugier darauf zu stillen, was das wohl für einer ist.

Was kennzeichnet einen Flirt?

Ein Flirt entsteht spontan zwischen zwei Menschen. Spontan können wir nur sein, wenn wir nicht gerade mit einem schwierigen Problem befaßt sind oder von einer kniffligen Aufgabe gefesselt sind. Wir sind dann bereit, empfänglich für einen Flirt, wenn wir in einer Verfassung inneren Müßiggangs sind. Das ist nicht zu verwechseln mit Langeweile, wo wir eher ungehalten sind und irgendwie das Gefühl haben, es fehle uns etwas, es müsse etwas kommen oder wir sollten etwas unternehmen. Die Flirtverfassung entspricht vielmehr der eines herumstromernden Kindes, das mit offenen Augen durch die Welt geht und sich dafür interessiert, was es so alles gibt.

Flirten hat also etwas mit Gelockertheit zu tun; es ist unbeschwert durch irgendeinen Zweck, den wir verfolgen, oder einen Nutzen, den wir erzielen wollen.

Wenn Sie diese Art der Kontaktaufnahme etwa mit einem Vorstellungsgespräch vergleichen, das ja auch ein erster Kontakt mit jemandem ist, wird deutlich, was gemeint ist. Dabei wollen Sie sich als die kompetente Fachkraft zeigen, die Sie sind, und Sie wollen herausfinden, ob diese Stelle etwas für Sie ist. In dieser Situation fällt es schwer, locker zu sein – auch wenn das vorteilhaft wäre. Da geht es um etwas.

Demgegenüber genügt sich das Flirten selbst. Es ist ein Spiel des Augenblicks, ein Minidrama des Alltags, das Spaß macht. Sie werfen dem anderen eine kleine Streicheleinheit zu, indem Sie signalisieren: »Ich sehe dich, und ich finde dich sympathisch.« Läßt Ihr Gegenüber sich darauf ein und wirft Ihnen den Ball zurück, dann ist es wie ein Pingpongspiel. Sie regen sich gegenseitig dazu an, die Zügel für einen Moment ein bißchen zu lockern und sich Ihren Einfällen zu überlassen – sehr ernsthafte Menschen beurteilen diese Art der Kommunikation vielleicht als Herumalbern oder Ausgelassenheit. Augenzwinkernd geben Sie sich zu verstehen, daß es nicht immer um Schwerwiegendes geht, daß man auch einfach einmal zusammen den Augenblick genießen kann, ohne irgendwelche Absichten oder Ziele zu verfolgen.

In dieser Absichtslosigkeit liegt die Grenze zu dem, was als plumpe »Anmache«, als »Anbaggern« erscheint. Dabei wird die Absicht eher notdürftig als gekonnt unter einer Verkleidung von Wortspiel und aufgesetzter Heiterkeit verborgen.

Achtung beim »Spiel mit dem Feuer«

Spiele sind aufregend und spannend. Sie entwickeln eine gewisse Dramatik. Ist der Flirt wirklich so etwas Harmloses und Verspieltes? Besteht nicht auch die Gefahr, daß wir uns beim »Spiel mit dem Feuer« die Finger verbrennen? Die Teilnehmer meiner Flirtkurse äußern häufig die Befürchtung, sie könnten bei einem Flirt »Feuer fangen«, sie könnten sich ernsthaft verlieben, es sei doch auch möglich, daß in ihnen Sehnsüchte angerührt würden und daß Wünsche gegenüber dem anderen geweckt würden. Schließlich könnten sie mehr als nur einen kleinen Flirt erwarten. Wäre es nicht schmerzlich und peinlich, wenn der andere diese Gefühle und Wünsche dann nicht teilte? Auch könnte der andere das Spiel mißverstehen und Ansprüche geltend machen, die weit über das hinausgehen, wozu man selbst bereit sei. Dabei befürchten die männlichen Teilnehmer eher, sie könnten in die Situation desjenigen kommen, der mit Gefühlen spielt, während die weiblichen Teilnehmer sich in der Gefahr sehen, daß mit ihren Gefühlen gespielt wird.

Das Risiko, daß aus dem Spiel »Ernst« wird, besteht – wie bei allen Spielen – auch beim Flirt. Am sichersten ist es, wenn Sie Ihren Mann oder Ihre Frau neben sich haben. Spätestens an den eifersüchtigen Reaktionen Ihres Partners werden Sie merken, daß der Flirt etwas zu »heiß« geworden ist.

Ich werde später noch darauf zurückkommen, worauf zu achten ist und welche Sicherungen Sie haben, damit der Rahmen des Flirtspiels nicht gesprengt wird. Nur soviel vorab: Ein Flirt verpflichtet zu nichts, solange Sie aufrichtig sind und nicht Gefühle vorspiegeln, die nicht da sind. Außerdem lebt der Flirt von Andeutungen, ist etwas Subtiles; und das unterscheidet ihn von eindeutigen sexuellen Annäherungen.

Gespür für Grenzen

Ein Flirt ist etwas Vergnügliches. Wir nähern uns dem anderen über unsere kindlichen Seiten. Kinder sind unbefangen, arglos und neugierig auf andere Menschen. Sie leben im Augenblick und sind offen für neue Erfahrungen. Sie haben nicht wie Erwachsene einen ganzen Katalog von vorgefaßten Meinungen, an denen sie sich orientieren. Sie verlassen sich auf ihr Gefühl, wenn es darum geht, mit wem sie Kontakt aufnehmen und mit wem sie spielen. Wir alle haben dieses Kind in uns; wir vergessen es nur sehr oft. Statt unserem Gespür für Situationen zu vertrauen, haben wir gelernt zu denken, zu überlegen, was »man« tun sollte.

Erinnern Sie sich: Gab es nicht auch in Ihrer Nachbarschaft ein Kind, mit dem Sie nicht spielen sollten? Während Sie sich zu ihm hingezogen fühlten und eine Menge Spaß bei Ihrem Spiel hatten, war Ihre Mutter der Ansicht, das sei »kein Umgang« für Sie. Je nachdem wie eigensinnig Ihre Mutter auf dem Verbot bestand oder wie folgsam Sie waren, haben Sie vielleicht auf diese anregende Gesellschaft verzichtet. Sicherlich hatte Ihre Mutter Ihr Bestes im Sinn, wollte Sie vor irgend etwas bewahren. Sehr wahrscheinlich hat sie nach ihren erwachsenen Maßstäben geurteilt. Vielleicht mochte sie die Familie Ihrer kleinen Freundin nicht oder fand, sie sei ein »freches« Kind. Vielleicht spielten auch ganz persönliche Vorurteile oder Ressentiments eine Rolle. Auf jeden Fall meinte sie besser zu wissen, wer gut für Sie ist, als Sie selbst.

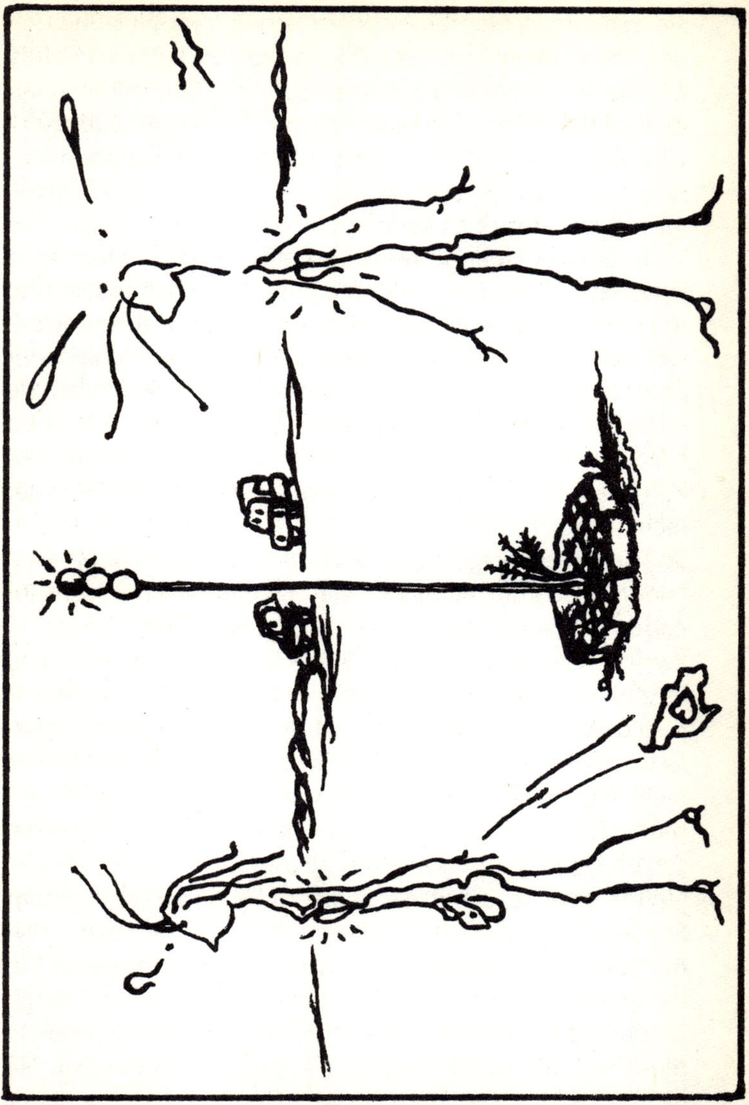

Sie gerieten in einen Konflikt zwischen Ihrer Neigung und den Erwartungen anderer an Sie. Anstatt Sie in Ihrem Gefühl für andere Menschen zu bestärken, säte Ihre Mutter den Zweifel daran aus. Was kann aus diesem Zweifel entstehen? Glücklicherweise bleiben wir ja nicht die gehorsamen Kinder, die wir waren, und wir folgen doch gelegentlich unserer Neigung. Aber es kann auch sein, daß wir uns bei der Wahl unserer Freunde mehr von rationalen Überlegungen leiten lassen als davon, wer uns spontan sympathisch ist und durch dessen Gesellschaft wir uns zu neuen und interessanten Gedanken und Unternehmungen angeregt fühlen, der aber ganz anders ist als wir. Dann kann es sein, daß Sie schließlich von Menschen umgeben sind, die zwar nach sozialen Maßstäben – also hinsichtlich Beruf, Status, Einkommen, Alter – zu Ihnen passen, Ihnen gefühlsmäßig aber nicht sehr nahestehen.

So wie wir ein ursprüngliches Empfinden dafür haben, welcher Mensch uns wohlgesonnen ist und welcher nicht, so haben wir auch ein Gespür dafür, was in einer Situation zwischen zwei Menschen möglich ist. Wir haben feine Antennen dafür, was sich bei einem Flirt entwickelt, was hineinpaßt und wo die Grenze liegt. Wir spüren es, wenn es brenzlig wird, wenn wir in etwas hineinzugeraten drohen, daß wir nicht wollen. Uns wird dann irgendwie unbehaglich zumute. Dann ist der Punkt erreicht, an dem wir Grenzen setzen oder sie überschreiten müssen.

Nehmen wir an, Sie sitzen an einem sonnigen Tag in einem Straßencafé. Gutgelaunt sind Sie mit Ihrem Nachbarn in einen kleinen Flirt geraten. Plötzlich empfinden Sie eine Bemerkung von ihm als anzüglich, oder eine scheinbar zufällige Berührung ist Ihnen unangenehm. Was hindert Sie daran, in diesem Moment auf Distanz zu gehen? Und glauben Sie nicht, daß Ihr Gegenüber versteht, was Sie damit meinen?

Das erinnert mich an ein Rollenspiel in einem Flirtworkshop. Wir übten gerade »nein sagen«. Die Szene spielte in einem Bistro. Eine Teilnehmerin sollte sich zu einem Mann an den Tisch setzen mit der Absicht, ein Gespräch anzuknüpfen. Er sollte ihr Angebot freundlich, aber direkt ablehnen. Wir alle beobachteten verblüfft, wie er schon in seiner Reaktion auf ihre Frage »Ist der Platz noch frei?« subtil, aber unübersehbar zum Ausdruck brachte, daß er nicht gestört werden wolle. Aus Gedanken hochschreckend, blickte er sich um – ob nicht woanders noch ein Platz frei wäre – und gab dann, ohne sie anzuschauen, ein zögerndes »Hmm« von sich. Unsere Teilnehmerin hatte es natürlich sofort verstanden; und nur, weil sie in diesem Spiel gern ausprobieren wollte, wie weit sie trotz einer ablehnenden Reaktion ihres Gegenübers noch gehen könnte, machte sie weiter, bis ihr Spielpartner ihr deutlich sagte, daß er in Gedanken mit etwas anderem beschäftigt sei und keine Unterhaltung wünsche.
Es war für alle eine Erleichterung, zu erleben, daß wir Antennen für soziale Situationen haben und schon aus kleinen Hinweisen entnehmen können, ob jemand kontaktbereit ist oder nicht. Es kommt dann erst gar nicht zu der befürchteten und kränkenden herben Abfuhr.
Unsere Antennen funktionieren; wir müssen ihnen nur Beachtung schenken. Unter ihrem Schutz können wir uns auf das Wagnis eines Flirts einlassen.

Kann man Flirten lernen?

Oft werde ich gefragt, ob man so etwas denn überhaupt lernen könne – entweder könne man flirten oder könne es nicht. Ich gehe davon aus, daß jeder flirten kann. Wir sind

alle einmal kleine, niedliche Kinder gewesen und haben vom Arm unserer Mutter aus andere Menschen zum Lächeln und Mit-uns-Schäkern bringen können. Wir wußten auch, wie wir andere Kinder als Spielgefährten gewinnen und wie wir der Oma ein Eis abschmeicheln konnten. Als Teenager haben wir uns zwar viele Sorgen darüber gemacht, ob »er« oder »sie« uns attraktiv findet, aber wie sich das aufregende Geplänkel mit Vertretern des anderen Geschlechts entspinnt, darüber machten wir uns keine Gedanken. Das entzog sich auch unserer Kontrolle, lief als ein eigendynamisches Geschehen ab – falls wir die erste schwere Hürde nehmen konnten und einen Schritt auf den anderen zugehen oder auf seinen Anbandelungsversuch reagieren konnten.
In dieser Lebensphase können sich aber auch schon leichte Störungen in der Kontaktanbahnung zeigen. Manch einer meiner Kursteilnehmer berichtete, daß er damals die Gesellschaft junger Mädchen vorsichtig gemieden habe aus Angst, knallrot zu werden und nichts über die Lippen zu bringen. Erst die spätere Entdeckung, daß Mädchen und Frauen nicht die vollkommenen Wunderwesen sind, für die er sie gehalten hatte, machte es ihm möglich, zumindest mit den Frauen ins Gespräch zu kommen, die ihn nicht sofort durch ihre außergewöhnliche Attraktivität einschüchterten.
Meine Annahme ist, daß viele Frauen und Männer diese unbefangene, spontane Art der Kontaktaufnahme zu anderen mangels Übung verlernt oder nicht weiterentwickelt haben. Vielleicht haben Reste der pubertären Schüchternheit bewirkt, das Flirten lieber zu lassen. Vielleicht gab es keine Gelegenheiten dazu, wie etwa bei dem jungen Techniker, der sowohl im Studium als auch am späteren Arbeitsplatz nur mit Männern zu tun hatte. Manche Menschen sind sich

dessen auch gar nicht bewußt, daß sie flirten können – und es unbemerkt auch eifrig tun.

Eine weitere Annahme ist, daß sich schlummernde Fähigkeiten wieder aktivieren lassen oder, anders gesagt, daß sich bereits Vorhandenes zu weiterem Wachstum anregen läßt. Mein Ansatz, Erkenntnisse aus der psychologischen Forschung, vor allem aus der klinischen Forschung, für die Entwicklung psychologischer Hilfestellungen zu nutzen, hat sich in den Kursen und Workshops als äußerst brauchbar erwiesen. Diese Übungen werden Sie in den Text eingestreut finden. Und wenn Sie nicht nur etwas Unterhaltsames und Informatives über das Flirten lesen möchten, dann wenden Sie sie bitte an. Natürlich macht es mehr Spaß, diese Übungen in einer Gruppe Gleichgesinnter auszuprobieren; aber ich schätze, daß sie auch auf eigene Faust angewandt viel Freude machen werden.

Weder in den Kursen noch hier geht es mir darum, schematische Muster für »heiße Flirts« oder Rezepte für das Einfädeln von Liebesbeziehungen zu vermitteln. So, wie ich das Flirten definiere – als etwas Spontanes –, gibt es dafür keine festen Regeln. Aber es gibt Voraussetzungen, die das Flirten ermöglichen. An diesen Voraussetzungen arbeiten wir in den Kursen. Indem wir sie stärken und verbessern, kann jeder zu seinem eigenen Flirtstil finden. Zum Beispiel wird ein eher stiller, besonnener Mensch sich weder wohl in seiner Haut fühlen noch erfolgreich sein, wenn er versucht, sich als »Partylöwe« zu geben. Er kann aber seine Eigenart zu einem feinsinnigen, ruhigen und unaufdringlichen Flirtstil kultivieren. Dabei wird er selbst viel Vergnügen am Flirten haben, muß sich nicht verkrampfen und wird bei denjenigen gut ankommen, die für diesen Stil empfänglich sind.

Voraussetzungen fürs Flirten sind:

– Ein gutes Selbstwertgefühl, d. h., daß man mit sich selbst einverstanden ist, die eigenen Stärken zu schätzen weiß und sich Schwächen und Unvollkommenheiten nachsehen kann.

- Selbstachtung, die Gewißheit, ein interessanter Mensch zu sein, der anderen etwas zu bieten hat.
- Interesse an anderen Menschen, eine wohlwollende Neugier auch gegenüber Menschen, die die Welt ganz anders betrachten als man selbst.
- Vertrauen in die eigenen Fähigkeiten, Kontakte herzustellen und soziale Situationen zu gestalten.
- das Wissen, daß man über ungenutzte Potentiale verfügt.
- etwas Risikobereitschaft, um einmal mit neuen Verhaltensweisen zu experimentieren.
- genug Mut, trotz eigener Ängste, etwa der Angst, abgelehnt zu werden oder sich lächerlich zu machen, einmal einen Blick zu wagen oder das Wort an einen Fremden zu richten.

Lernen – so, wie ich es verstehe – heißt, die natürlichen Tendenzen, die sowieso schon vorhanden sind (etwa die Neigung, sich angenehme Gesellschaft zu suchen), aufzugreifen und Schritt für Schritt vom momentanen Ausgangspunkt aus neues Verhalten zu erproben. Wir alle haben sehr viel mehr Möglichkeiten zu handeln, als wir ahnen. Indem wir damit experimentieren, erfolgreich experimentieren, erweitern wir unseren Bewegungsspielraum.

Flirten zu lernen heißt also: die persönlichen Voraussetzungen wahrzunehmen, ihnen Beachtung zu schenken, sie zu bestärken und zu unterstützen und – flirten. Denn aus meiner Sicht werden wir darin immer besser, was wir gern tun und was uns und anderen Freude macht.

Voraussetzungen fürs Flirten

Immer wieder bin ich erstaunt, welche geringschätzige Meinung gestandene Frauen und Männer von sich selbst haben. Ganz gleich, wie beliebt sie bei den Menschen um sie herum sind, welche Schwierigkeiten sie bereits gemeistert und welche Ziele sie verwirklicht haben, scheinen doch viele chronisch unzufrieden mit sich zu sein.
Nehmen wir zum Beispiel Paul, der seine Einstellung zu sich selbst mit einem Zitat von Groucho Marx zum Ausdruck bringt: »Es würde mir nicht im Traum einfallen, einem Club anzugehören, der bereit wäre, mich als Mitglied zu akzeptieren.« Als Abteilungschef eines großen Industrieunternehmens ist er sehr erfolgreich. Seine Fachkompetenz und seine Fähigkeiten, Mitarbeiter zu führen, sind allseits anerkannt. Er sieht sich als Gewinnertyp und sagt, er hätte es in jedem Beruf bis zur Spitze gebracht. Mit seinen fünfzig Jahren ist er ein attraktiver Mann, ein charmanter Plauderer und guter Zuhörer. Er pflegt Kontakte zu den unterschiedlichsten Menschen und ist in seinem Bekanntenkreis ein gerngesehener Gast. Seit seiner Scheidung vor fünfzehn Jahren lebt er allein. An Frauenbekanntschaften mangelt es ihm nicht, und seine Freunde beneiden ihn um seine erotischen Erfolge. Er scheut jedoch jede nähere Beziehung, aus Angst, seine Schwächen könnten dann deutlich werden. Als seine größte Schwäche betrachtet er seine Unfähigkeit, sich

auf eine enge, intime Beziehung einzulassen. Jeder neue Flirt rührt seine Sehnsucht nach einer nahen Beziehung an. Doch sobald er merkt, daß er im Begriff ist, sich zu verlieben, geht er auf Distanz und knüpft eine neue Bekanntschaft an. Denn seine tiefen Wünsche nach einem Menschen, der ihn so annimmt, wie er ist, und dem er vertrauen kann, erlebt er als Zeichen von Weichheit und Schwäche. Als »Macher« ist er es gewohnt, die Dinge in der Hand zu haben. Also würgt er den anlaufenden Beziehungsprozeß ab. Die Folge ist, daß er sich rastlos, oft erschöpft und deprimiert fühlt. Statt diese Signale als Hinweis zur Selbstbesinnung zu nehmen, als Aufforderung, einmal in sich hineinzuhorchen, flüchtet er in exzessiven Sport und übermäßigen Alkoholgenuß. Seine Schlaflosigkeit versucht er mit Schlaftabletten oder durch nächtliches Joggen zu beseitigen. Indem er vor seinem immer stärker werdenden Anlehnungsbedürfnis flieht, verstärkt er gerade die Aspekte seiner Person – das Trinken, die Jagd nach Frauen –, wegen denen er sich verachtet und die er vor anderen zu verbergen bemüht ist. Statt sich einmal dieser Seite in sich selbst zu stellen und sich ihrer Ansprüche anzunehmen, erwartet er von einem Flirtkurs Tips, um auch »an die Frauen ranzukommen«, die er »sonst nicht kriegen kann«.

So wie er, sind viele Menschen auf der Suche nach etwas, das ihnen Ruhe und Zufriedenheit geben soll. Die Unzufriedenheit treibt sie zu immer weiteren Aktivitäten an. Sie setzen auf noch mehr berufliche Erfolge, noch mehr sportliche Glanzleistungen, sammeln Geld an, kaufen Häuser und hoffen, daß das noch luxuriösere Auto ihnen endlich das ersehnte Gefühl des Einsseins mit sich selbst vermitteln wird. Doch es scheint wie verhext zu sein: Das Hochgefühl, den begehrten Auftrag bekommen zu haben, hält nicht lange an; die Besonderheit, als jüngste Internistin im Land die Facharztprüfung abgelegt zu haben, verblaßt mit der Zeit; die spröde Schöne zeigt sich plötzlich als sehr anhänglich und gar nicht so vollkommen, nachdem sie erst einmal gewonnen ist.

Viele neigen dazu, sich selbst sehr vereinfacht zu betrachten. Vielleicht haben Sie sich die Sichtweise ihrer Eltern zu eigen gemacht, die annahmen, aus ihren Kindern würde nur dann etwas, wenn sie sie immer wieder auf ihre Fehler und Schwächen aufmerksam machten. In der guten Absicht, sie zu fördern und vor Einseitigkeiten zu bewahren, versäumen es solche Eltern oft, die Kinder in ihrem Können, ihren guten Eigenschaften und in ihren kleinen Erfolgen zu bestätigen. Im Gegenteil wird oft das, was sie gut können, was ihnen Spaß macht und leicht von der Hand geht, in seinem Wert geschmälert und als etwas Selbstverständliches hingestellt, das nicht der Rede wert sei. Was ihnen schwerfällt, wird dagegen übermäßig in den Vordergrund gerückt. Als Erfolg zählt dann nur die Glanzleistung, die Spitzenleistung, die alle anderen in den Schatten stellt. Auf diese Art entsteht bei vielen Menschen ein zumindest unscharfes, wenn nicht gar verzerrtes Selbstbild. Das äußert sich später in einer gewissen Scheu, sich selbstbewußt mit seinem Können zu zeigen, oder in einem ängstlichen Bemühen, die vermeintlich riesengroßen Schwachstellen zu verbergen.

Die Unschärfe dieses Bildes von sich selbst beruht zum Teil darauf, daß die eigenen Stärken nicht realistisch eingeschätzt werden. Dann ist zum Beispiel das eigene, nach Feierabend ausgeübte Geigenspiel, gemessen am Können eines Yehudi Menuhin, nichts wert.

Weil sie sich an einem absoluten Maßsystem orientieren, sind viele Menschen unzufrieden mit sich. Es scheint einfacher zu sein, sich nach dem System »Gewinner oder Versager« einzuschätzen, statt die eigene Komplexität anzuerken-

nen und ein der eigenen Lebensgeschichte und der eigenen Art angemessenes Wertesystem zu entwickeln. Es ist ein unrealistischer Bezugsrahmen, von sich in allen Bereichen Höchstleistung und Perfektion zu verlangen. Um einen Reißverschluß in einen Rock nähen zu können, muß ich nicht erst eine perfekte Schneiderin werden.
Was ist für Sie ein Erfolg? Oder gehören Sie zu denen, die meinen, sie hätten es in keinem Bereich schon so weit gebracht, als daß sie überhaupt von Erfolgen sprechen können? Müssen Sie erst eine bahnbrechende Erfindung gemacht, einen Bestseller geschrieben haben oder ein weltberühmter Filmstar geworden sein, bevor Sie es wagen, diesen Begriff auf Ihr Handeln anzuwenden? Aus meiner Sicht ist all das erfolgreich, aus dem etwas folgt. Das kann die Prüfung sein, die wir bestehen und die uns zeigt, daß wir uns genügend Kenntnisse und Fertigkeiten angeeignet haben, um einen bestimmten Beruf auszuüben. Das kann aber auch der reparierte Badewannenabfluß sein, der unseren Alltag nun nicht länger mehr stört.

Zu sich selbst kommen

Weshalb jagen so viele Menschen von einem Highlight zum nächsten? Sei es im Beruf, wo manch einer alle Anstrengungen darauf richtet, kontinuierlich und möglichst rasch eine Stufe der Karriereleiter nach der anderen zu erklimmen, sei es im Privatleben, wo viele ständig auf der Suche nach neuen und aufregenden Ereignissen sind. Bei manch einem gestaltet sich das Leben als eine Abwechslung zwischen einer Sechzigstundenwoche und vierzehntägigen Fernreisen. Viele erwecken den Eindruck, als würden sie, seit sie die Verantwortung für ihr Leben selbst übernommen haben,

von Höllenhunden gejagt. Ständig muß etwas gemacht, geleistet, erworben werden.
In unserer Kultur wird Aktivität überbetont. Passivität ist für uns eher etwas Verpöntes als eine Möglichkeit, die Dinge auch einmal geschehen zu lassen. Sie erscheint uns als etwas, das wir allenfalls im Dienste der Regeneration dulden können; ansonsten wird sie aber mit »Faulheit« und Hilflosigkeit gleichgesetzt und als Kennzeichen unserer gesellschaftlichen Randgruppen betrachtet. Die Kunst des Müßiggangs ist uns fremd.
Aber brauchen wir nicht auch unsere passive, unsere empfängliche Seite? Ich erinnere mich noch deutlich, wie ich mich nach Abschluß meiner Diplomarbeit fühlte. Weil ich plötzlich eine Stelle in Aussicht hatte, mußte ich die Arbeit zwei Monate vor der mit dem Prüfungsamt vereinbarten Zeit beenden. Bis zum Antritt meiner Stelle hatte ich drei Wochen frei. Ich fühlte mich, als hätte ich den Ärmelkanal durchschwommen. Viel Schlaf war jetzt nötig, aber auch tagsüber konnte ich nichts »Gescheites« tun. Mir blieb gar nichts anderes übrig, als mir mit leichter und unterhaltsamer Lektüre die Zeit zu vertreiben und dabei die Beine hochzulegen. Erst nach und nach wich die Anspannung von mir. Damals war ich zwar auch noch nicht in der Lage, die »Ruhe nach dem Sturm« zu genießen, aber immerhin spürte ich, was ich jetzt brauchte.
Ich kenne viele Menschen, die in solchen Situationen über Depressionen klagen. Aber muß auf eine Anstrengung Bedrückung, Angst oder gar Verzweiflung folgen? Wir alle kennen diesen Zustand der Erschöpfung, der momentanen Leere. Aus meiner Sicht läßt sich diese Phase nicht nur zur Regeneration, zum Sammeln neuer Kräfte nutzen, sondern sie gibt uns auch die Möglichkeit zur Besinnung. Wir können das, was sich ereignet hat, bedenken, spielerisch hin und her

wenden und in aller Ruhe abwarten, welche Wirkungen es haben wird.
Gleichgültig, welche Anstrengung wir hinter uns gebracht haben, ob die schwierige Trennung von einem Lebenspartner, eine große Leistung oder ob wir gerade noch einem Unfall entkommen sind, immer brauchen wir danach Ruhe und die Möglichkeit, das Geschehene zu bewältigen. Wir spüren das Bedürfnis, mit jemandem darüber zu sprechen. Wir wollen es uns von der Seele reden, es verarbeiten. Dazu brauchen wir jemanden, der uns wohlwollend zuhört und der uns dadurch hilft, das Ereignis einzuordnen.
Menschen, die sich die kulturelle Forderung nach Aktivität, Leistung, Produktivität allzusehr zu eigen gemacht haben, vermeiden häufig solche Phasen der Besinnung. Statt sich den Nachwirkungen eines Erlebnisses auszusetzen und es im vertrauten Gespräch mit einem Nahestehenden zu besprechen, sind sie schon längst auf der Jagd nach dem nächsten »Event«.
Weshalb verlieren oft die verwirklichten Ziele im Moment der Inbesitznahme ihren Wert? Mir scheint, daß wir uns häufig nur mit der Oberfläche der Dinge begnügen. Das neue Auto hat so lange seinen Glanz, bis wir es gekauft haben. Die langersehnte Indienreise ist nach vierzehn Tagen »schon gar nicht mehr wahr«. Die widersprüchlichen Gefühle, die aufkommen, wenn wir etwas Heißbegehrtes endlich bekommen oder erreicht haben, schrecken uns ab, uns weiter damit zu befassen. Zum Beispiel haben wir vielleicht den Schulabschluß jahrelang herbeigesehnt, weil wir hofften, dann frei von den schulischen und elterlichen Zwängen zu sein, dann »groß« zu sein. Doch wenn wir das Abitur in der Tasche haben, müssen wir feststellen, daß wir plötzlich wieder am Anfang von etwas stehen, wieder »klein« und – allerdings in neuen Feldern – unerfahren sind. Wieder brau-

chen wir Anleitung, und wieder müssen wir uns von außen Vorgegebenem anpassen. Auch wer sich lange Zeit einen Partner wünschte und sich die Zweisamkeit als »Himmel auf Erden« vorstellte, erlebt, daß die neue Beziehung nicht nur Wärme und Geborgenheit gibt, sondern auch Forderungen stellt, die das Glück ins Wanken bringen können. So kann es sein, daß wir uns an dem, was wir endlich haben, nicht richtig erfreuen können und deshalb immer nach etwas anderem schielen.

Behalten kann man nur das, was man sich wirklich angeeignet hat, was man »verdaut« hat. Oft kommt es mir so vor, als hätte das, was manche Menschen tun oder erleben, keinen weiteren »Nährwert« über die Gegenwart hinaus. Manch einer scheint nie zu bemerken, wann er »satt« ist. Solch ein Mensch verhält sich auch im Hinblick auf Kontakte wie jemand, der immer nur Nahrungsmittel in sich hineinschaufelt, dem es nur um den momentanen Geschmack und Genuß geht und der nicht daran zu glauben scheint, daß er darüber hinaus noch etwas davon haben könnte. Jemand, der mit dem Essen so umgeht, wundert sich dann, daß er mehr und mehr an Übergewicht zunimmt. Wer seinen Alltag möglichst als eine ununterbrochene Folge von aufregenden Sequenzen und interessanten Begegnungen gestaltet, wundert sich vielleicht über die Oberflächlichkeit seiner Beziehungen, über den wachsenden Überdruß, die Langeweile, das Gefühl der Leere und seine nächtlichen Alpträume. Oder er wird plötzlich ernsthaft krank und auf diese Weise von einem »klügeren« Teil in sich gezwungen, still zu werden und den Zufluß an bunten Reizen zu stoppen.

Diese Lebensform des schnellen Konsums scheint eine Folge unserer Betonung der Autonomie, Unabhängigkeit, Selbstbestimmung des einzelnen zu sein. Wir meinen, stets alles im Griff haben zu müssen – und das auch zu können. Das nach einer großen Anstrengung sich einstellende Bedürfnis nach Sammlung oder die Sehnsucht, die uns nach einem Menschen überkommen kann, mit dem wir eine intensive Begegnung hatten, paßt nicht in unser Konzept von Herrschaft über uns selbst.

Einverstandensein mit sich selbst

Mit sich selbst einverstanden zu sein, die eigenen Stärken zu kennen und sie realistisch einschätzen zu können, sich seine Schwächen und Fehler nachsehen zu können – das klingt wünschenswert. Aber wer hat schon ständig solch eine Einstellung sich selbst gegenüber? Hier sind wir beim Thema »Selbstwertgefühl«, über das viel gesprochen und geschrieben wird. Nicht nur psychologische Fachliteratur, sondern auch viele Ratgeber behandeln dieses Thema. Die einen beklagen die Störungen eines gesunden Selbstwertgefühls als Krankheit unserer Zeit und füllen Bände mit der Erforschung der Ursachen; die anderen geben mehr oder weniger brauchbare Tips, wie sich das Selbstwertgefühl verbessern läßt. Dieses Thema ist auch für mich eine harte Nuß. Eine Kursteilnehmerin fragte mich einmal: »Was soll man denn machen, wenn man nicht das Gefühl hat, ein liebenswerter Mensch zu sein?« Nun, »das ist ein weites Feld«, um Theodor Fontane zu zitieren.
Vereinfacht dargestellt vertreten manche Autoren die Ansicht, daß viele Menschen es nie erlebt haben, um ihrer selbst willen geliebt worden zu sein. Entweder waren ihre Eltern nicht in der Lage, ihnen ausreichend Liebe zu geben, oder sie haben ihre Liebe an Bedingungen geknüpft: »Wenn du gute Noten aus der Schule nach Hause bringst . . .« – »Wenn du aufhörst, deine Schwester zu ärgern . . .« Weil

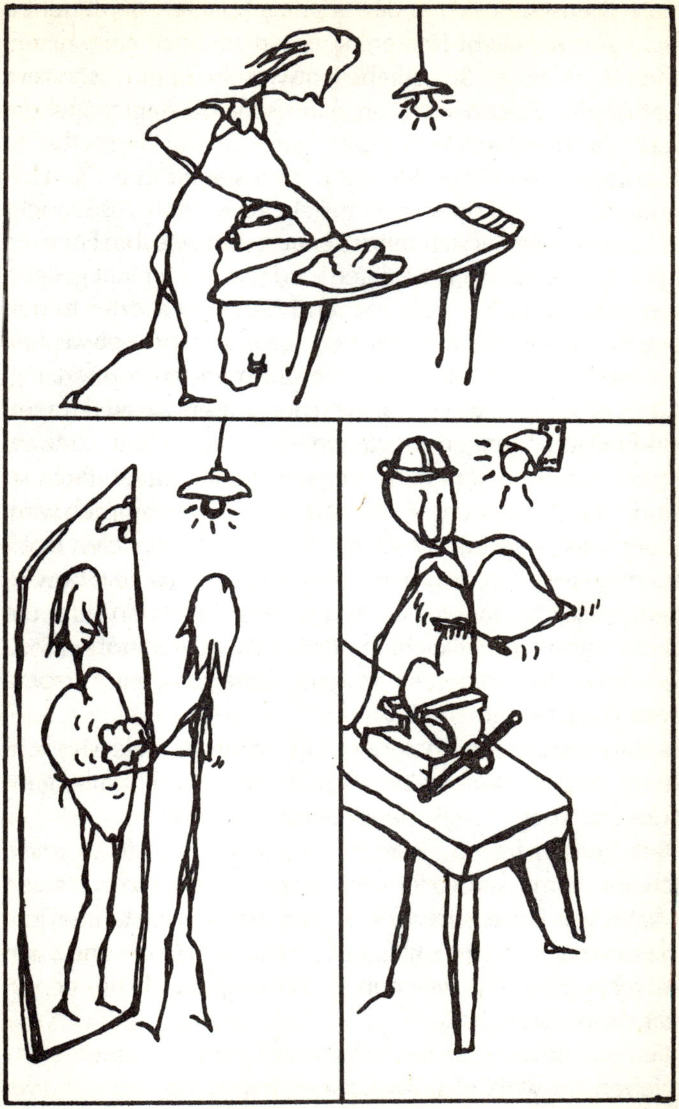

diese Menschen sich in den wichtigen Jahren der Kindheit nicht genug geliebt fühlten, konnten sie auch kein ausreichendes Maß an Selbstliebe entwickeln. Statt aus einem Gefühl des Selbstwertes an eine Aufgabe heranzugehen, versuchen sie durch Leistung ein gutes Gefühl ihrer selbst zu bekommen beziehungsweise hoffen sie, für ihre Glanzleistungen im Beruf oder Sport geliebt zu werden. Als Erwachsene gehen sie mit sich selbst genauso um, wie ihre Eltern es mit ihnen taten. Für Leistungen wird man aber nicht geliebt, sondern allenfalls vorübergehend bewundert oder beneidet. So jagen solche Menschen draußen hinter etwas her, was sie letzten Endes nur in sich selbst finden können.
Als Psychologin weiß ich, welche großen Auswirkungen Kindheitserfahrungen auf das weitere Leben haben können. Aber ich glaube, daß diese negativen Erfahrungen nicht so eindeutig und ausschließlich waren, wie angenommen wird. Wenn man genauer hinschaut, findet sich bei vielen doch auch ein Mensch, von dem sie bedingungslos geliebt wurden; vielleicht war es eine freundliche Nachbarin oder die Großmutter, die vielleicht in der Familie keinen hohen Stellenwert hatte und deren konstante Zuneigung und Fürsorge deshalb fast vergessen ist.
Darüber hinaus bin ich der Ansicht, daß jeder viele Möglichkeiten hat, im Laufe seines Lebens neue und befriedigendere Erfahrungen in Beziehungen zu machen.
Statt sich zu fragen »Warum zweifle ich so oft an mir?«, scheint es mir sinnvoller und nützlicher zu sein zu fragen »Wann war ich das letzte Mal so richtig einverstanden mit mir und habe mich wohl gefühlt in meiner Haut?« und dann zu schauen, unter welchen Bedingungen sich dieser Zustand eingestellt hat.
Niemand ist völlig konstant in seiner Gemütsverfassung. Das erleben wir wohl alle, wie unsere Stimmung in mehr oder

weniger großen Ausschlägen schwankt. Und je nach der gerade vorherrschenden Stimmung sehen wir uns selbst und das, was um uns herum vorgeht, eher optimistisch oder pessimistisch. Wie sehr der Blickwinkel unser Urteil über uns selbst beeinflußt, beschreibt schon Michel de Montaigne, ein Denker und Schriftsteller im 16. Jahrhundert, in seinen »Essays«:

»Mich treibt nicht nur der Wind der Zufälle nach seiner Richtung, sondern überdies schwanke ich und verwirre mich selbst, weil ich unsicher auf meinen Füßen stehe; und wer sich nur recht beobachtete, wird sich kaum zweimal in der gleichen Verfassung finden. Ich gebe meiner Seele bald dieses Gesicht und bald jenes, je nachdem, auf welche Seite ich mich wende. Wenn ich auf die ungleiche Weise von mir rede, so geschieht es, weil ich mich auf die ungleiche Weise betrachte. Alle Widersprüche finden sich in mir, je nach Gesichtswinkel und Umständen. Schamhaft und unverschämt; keusch und geil; geschwätzig und schweigsam; tatkräftig und zimperlich; gescheit und blöde; mürrisch und leutselig; lügnerisch und wahrhaftig; kenntnisreich und unwissend, freigebig und geizig und verschwenderisch, von allem finde ich etwas in mir, je nach dem ich mich drehe; und wer immer sich recht aufmerksam prüft, wird in sich, ja sogar in seinem Urteile über sich selbst, diese Unstetigkeit und Unstimmigkeit vorfinden. Ich habe von mir selbst nichts Ganzes, Einheitliches und Festes, ohne Verworrenheit und in einem Gusse auszusagen. ›Distinguo‹ ist das erste und letzte Wort meiner Logik.«

Unser Blickwinkel entscheidet also darüber, ob wir einverstanden sind mit uns oder allerhand an uns auszusetzen haben. Und der Blickwinkel hat mit unserem Standpunkt, unserer Haltung uns selbst gegenüber zu tun. Haben wir uns, aus welchen Gründen auch immer, irgendwann einmal angewöhnt, uns vom Standpunkt einer immer unzufriedenen, nörglerischen Mutter oder eines mit unerreichbaren Maßstäben messenden Vaters aus zu betrachten, oder stehen wir uns wohlwollend, zwar selbstkritisch, aber nachsichtig gegenüber?

Interesse am Menschen

»Indem du dich selbst wählst,
wählst du den Menschen.«
Albert Ellis

Die Art, wie wir uns selbst gegenüberstehen, aus welchem Blickwinkel wir uns betrachten, nach welchem Bezugsrahmen wir uns beurteilen und wie wir uns selbst behandeln, prägt in entscheidender Weise die Qualität unserer Beziehungen zu anderen.
Können Sie sich als dieser besondere Mensch akzeptieren, zu dem Sie im Laufe Ihrer ganz persönlichen Geschichte geworden sind? Oder bereitet es Ihnen Unbehagen, über Ihre Vergangenheit nachzudenken? Fühlen Sie sich in Ihrer eigenen Gesellschaft wohl, oder versuchen Sie, sich möglichst von sich selbst abzulenken? Sind Sie neugierig darauf, wie sich die Beziehung zu einem interessanten, sympathischen Menschen weiterentwickelt, oder vermeiden Sie allzu große Nähe aus Furcht, der andere könnte Sie als den erkennen, der Sie »wirklich« sind?
Kürzlich suchte ich etwas in meinem Schreibtisch, das ich lange nicht gebraucht hatte. Dabei stieß ich auf alte Briefe. Während ich mich mehr und mehr von dem faszinieren ließ, was ich da entdeckte, vergaß ich, was ich eigentlich gesucht hatte. Wer war dieses frühere Ich, an das diese Briefe gerich-

tet waren? Wer war der andere? Wie war die Beziehung? Obwohl ich meinte, in meiner Erinnerung ein umfassendes Bild von dieser Beziehung zu haben, merkte ich, wie sich beim Lesen ein anderes, leicht verändertes Bild entwickelte. Da tauchten plötzlich Zwischentöne auf, die mir damals offenbar entgangen waren. Es kamen zwar gemischte Gefühle auf – ein bißchen Traurigkeit, aber auch Heiterkeit über meine naive Torheit, ein Bedauern, ein Gefühl der Wärme –, aber am Ende konnte ich mir sagen: »Sieh mal an, das warst du also auch, und diese Beziehung ist ein Teil deiner Geschichte«.

Ich möchte Sie jetzt gern dazu ermuntern, sich auf eine Entdeckungsreise zu sich selbst zu machen. Was wissen Sie eigentlich über sich? Kann es sein, daß es viel zuwenig ist? Die folgende Übung möchte ich Ihnen sehr ans Herz legen. Am besten schaffen Sie sich für solche Aufgaben eine Kladde, ein schönes Heft an, etwas, das Sie gern zur Hand nehmen. Die eigenen Gedanken gut unterzubringen, hat auch mit der Wertschätzung eigener Produktionen zu tun. Außerdem ist es für Sie aufschlußreich, später noch einmal nachzulesen, was Sie heute aufgeschrieben haben.

Übung:

Nehmen Sie sich etwas Zeit. Entspannen Sie sich. Lassen Sie alles, was Sie bis vorhin noch beschäftigt hat, draußen, außerhalb dieses Raumes, in dem Sie ganz für sich sind. Schließen Sie für einen Moment die Augen, und achten Sie auf das regelmäßige Ein und Aus Ihres Atems. Dann schreiben Sie auf, was für ein Mensch Sie sind. Stellen Sie sich vor, daß Sie einer Freundin oder einem Freund ein möglichst deutliches Bild von jemandem vermitteln wollen, den Sie sehr schätzen und gut kennen.

Fangen Sie ruhig mit der Beschreibung Ihres Äußeren an: wie

groß Sie sind, wieviel Sie wiegen, wie Sie aussehen, welche Haarfarbe Sie haben, wie Sie sich gern kleiden. Wenn Sie so richtig in Fluß gekommen sind, schreiben Sie alles auf, was Ihnen einfällt. Denken Sie dabei stets daran: Sie sind ein interessanter Mensch. Im Laufe Ihres Lebens haben Sie Ihre Fähigkeiten und Eigenschaften kennengelernt, bestimmte Interessen entfaltet und Ihre eigenen Wertvorstellungen entwickelt. Was ist Ihnen wirklich wichtig im Leben? Was mögen Sie, und was können Sie nicht ausstehen? Was gefällt Ihnen an Ihrer Arbeit, und wie verbringen Sie Ihre Freizeit? Welche Ereignisse oder Begegnungen haben Ihr Leben nachhaltig beeinflußt?

Sie brauchen sich nicht an diese Fragen zu halten bei Ihrer Entdeckungsreise. Sie sollen nur Hinweise sein. Folgen Sie Ihren Einfällen. Ich bin sicher, daß Sie vieles finden und manche Überraschung erleben werden. Vielleicht ergeht es Ihnen wie vielen Teilnehmern meiner Kurse, die durch diese Aufgabe dazu angeregt wurden, ab und zu Tagebuch zu schreiben.

Als wir im Kurs die Aufgabe besprechen wollten, sagte Karla, eine 47jährige geschiedene Hausfrau und Mutter, entschuldigend, sie habe sich nur ein paar Stichworte gemacht. Über sie gäbe es nicht viel zu erzählen. Dann sprach sie eine gute halbe Stunde über ihr ganz besonderes, eigenartiges Leben. Sie hatte Architektur studiert und eine Weile in ihrem Beruf gearbeitet, hatte geheiratet. Als die Kinder kamen, hatte sie den Beruf aufgegeben und sich der Familie und dem Haus gewidmet. Sie spielte gern Klavier, und es machte ihr Spaß, kleinere Reparaturen im Haus selbst zu erledigen. Seit die Kinder sie nicht mehr so sehr beanspruchten, arbeitete sie halbtags in einer Altentagesstätte, war dort »Mädchen für alles«. Der Umgang mit alten Menschen gefiel ihr, und man schätzte ihre zupackende Art dort sehr. Sie interessierte sich

für Malerei und hatte sich besonders mit Aquarellmalerei beschäftigt. Als sie das Alleinmalen nicht mehr befriedigte, organisierte sie Kurse und unterrichtete nun ab und zu interessierte Menschen aus ihrer Nachbarschaft in Aquarellmalerei.
Als sie geendet hatte, schwiegen wir alle verblüfft. Sie selbst war wohl am meisten überrascht, was da – mit ein bißchen Nachfragen aus der Gruppe – alles zutage gekommen war. Das meiste hatte sie nämlich für selbstverständlich und nicht erwähnenswert gehalten.

Mut zum Kontakt

Neben der Haltung, im großen und ganzen mit sich einverstanden zu sein, ist der Mut, auf andere zuzugehen, eine weitere wichtige Voraussetzung zum Flirten.
Wir empfinden uns immer dann als mutig, wenn wir etwas tun, wovor wir eigentlich Angst haben. Wir zeigen Mut, wenn wir uns in Gefahr begeben, etwas aufs Spiel setzen, etwas riskieren, dessen Ausgang ungewiß ist.
Es fällt mir zum Beispiel relativ leicht, in meinen Kursen vor einer Gruppe von fünfzehn Leuten, die ich kenne, frei zu sprechen. Aber wenn ich vor einem mir fremden Publikum einen Vortrag halten soll, muß ich all meinen Mut zusammennehmen.
Um unseren Bewegungsspielraum zu erweitern, brauchen wir Mut. Als wir das erste Mal ins Wasser gingen, um schwimmen zu lernen, an unserem ersten Schultag und bei unserem ersten Rendezvous brauchten wir Mut.
Ich finde es ganz lohnend, einmal nachzuforschen, wie sich die Bedeutung von Wörtern entwickelt hat. Beim Wort »Mut« bin ich fündig geworden. Die heute vorherrschende Bedeutung von »Tapferkeit, Kühnheit« hat es erst seit dem 16. Jahrhundert. Ursprünglich wurde es für die triebhaften Gemütsäußerungen und seelischen Erregungszustände verwendet, häufig im Sinne von »Zorn«. Dieser Bezug zu starken Strebungen – heute sprechen wir von Motivationen – findet sich

auch, wenn wir seine Herkunft bis zur Wurzel verfolgen. Da sind das griechische Wort »mōsthai«: »streben, verlangen, begehren« und das lateinische »mōs«: »Sitte, Brauch, Gewohnheit« und »Wille« mit ihm verwandt. Auch das Wort »mühen« gehört wahrscheinlich dazu. »Tapfer« bedeutet im Mittelhochdeutschen »fest, gedrungen; schwer, gewichtig; wichtig, bedeutend, ansehnlich« und »streitbar«.
Über diesen kleinen Umweg wird uns plötzlich klar, daß zum Mut ja auch ein gehöriges Maß an Verlangen gehört. Nur wenn wir etwas sehr gern haben oder erreichen möchten, entwickeln wir Mut. Erinnern Sie sich daran, was für ein Gefühl das war, damals in der Schule, als Sie unter großen Mühen dieses Gedicht auswendig gelernt hatten und es ganz gern aufsagen wollten, aber zögerten, sich zu melden? Das Herz schlug etwas schneller, die Handflächen wurden feucht, und da war so ein komisches Gefühl in der Magengrube. Und sind das nicht ähnliche Empfindungen, wenn Sie auf einer Party in der Nähe einer anziehenden Frau oder eines sympathischen Mannes stehen und überlegen: »Soll ich jetzt auf sie oder ihn zugehen oder nicht?«
Kürzlich hörte ich im Radio einen Kollegen, der über »Schüchternheit« sprach. Er berichtete, daß viele Menschen ihre Schüchternheit für eine angeborene und unveränderliche Eigenschaft halten. Ich stimme ihm zu, wenn er sagt, daß die Fähigkeit, zu anderen in Kontakt zu treten, eine Sache der Übung ist.
Schüchternheit ist kein unabänderliches Schicksal, sondern hat seine Ursachen meist in frühen Erfahrungen. Es ist sicherlich ein Unterschied, ob ein Kind bei seinen ersten Schritten auf andere Menschen zu ermutigt wird oder ob es zurückgehalten wird. Manche Mütter und Väter erziehen ihre Kinder zur Schüchternheit, vielleicht, weil sie eifersüchtig sind und nicht wollen, daß ihr Kind ihnen die volle Aufmerksam-

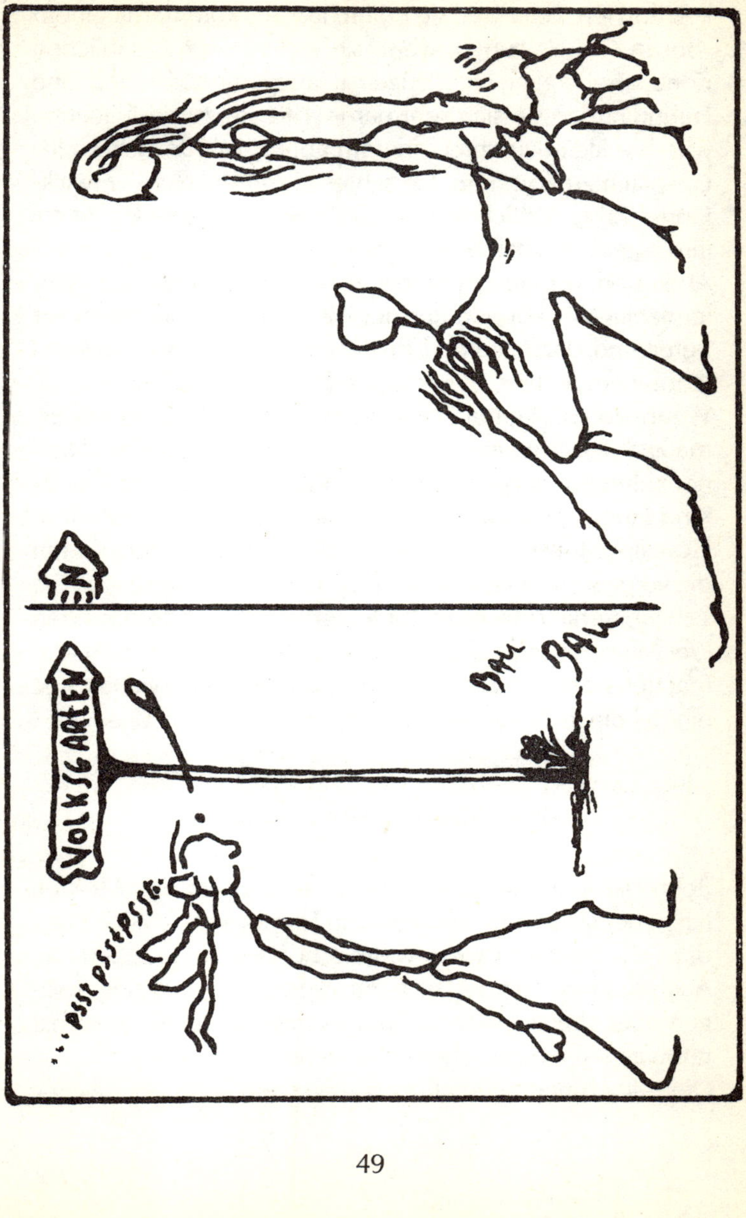
VOLKSGARTEN
N
... psst psst psst.
BAU BAU

keit entzieht oder weil sie befürchten, es könnte mit einem »bösen Onkel« gehen, wenn sie es in seiner zutraulichen Kontaktfreudigkeit nicht zügeln. Dagegen erzählte mir eine Freundin, daß sie sich sehr darüber freute zu beobachten, wie ihre kleine Tochter langsam anfing, mit Besuchern ins Gespräch zu kommen. Sie sah es als erfreulichen Entwicklungsschritt, und ich glaube, die Kleine hat gute Chancen, ihre eigene Art des »Kontaktens« zu entfalten.
Aber sind wir denn nur bis zu einem bestimmten Alter lernfähig? Wir können uns nur weiterentwickeln, wenn wir bereit sind, dazuzulernen. Im Beruf oder wenn wir ein neues Hobby entdecken, ist uns das selbstverständlich.
Wenn Sie zufällig bei Eltern aufwuchsen, die Sie aus übermäßiger Fürsorge in Ihrem Interesse, neue Menschen kennenzulernen, gehemmt haben oder wenn Sie zufällig als Kind lange krank waren und so am spielerischen Üben in Geselligkeit gehindert waren, ist das traurig und schade um die verpaßten Gelegenheiten. Es liegt aber bei Ihnen, ob Sie sich weiterhin oft einsam fühlen oder sich mit dem kleinen Kreis alter Freunde begnügen wollen oder ob Sie sich aufmachen zu neuen Erfahrungen. Allerdings ist es wichtig, erst einmal die jeweilige Ausgangslage zu berücksichtigen.

»Kontakten« läßt sich üben

Beim Flirten gilt wie bei allem: Übung macht den Meister. Ich gehe davon aus, daß jeder ein Flirtpotential in sich trägt, das sich zumindest ansatzweise schon einmal geäußert hat. Auch das Kind mit den es kontrollierenden, eher ungeselligen oder überängstlichen Eltern konnte irgendwann einmal unbefangen einem Fremden zulächeln.
Die Teilnehmer meiner Kurse bringen ein unterschiedliches

Ausmaß an Übung mit. Für manche ist es kein Problem, mit jemandem beim Einkaufen oder bei einem Fest ins Gespräch zu kommen. Solange sie sich nicht besonders für jemanden interessieren, finden sie ganz leicht Anknüpfungspunkte. Doch wenn sie sich einmal wirklich zu einer hübschen Frau oder einem gutaussehenden Mann hingezogen fühlen, fällt Ihnen nichts ein und, mehr noch, sie schauen lieber weg. Anderen fiel früher der Kontakt ziemlich leicht. Aber nachdem sie eine feste Partnerschaft eingegangen waren, hatten sie sich in die Zweisamkeit zurückgezogen. Sie kommen zu uns, weil sie jetzt wieder allein sind. Was früher spontan klappte, will jetzt nicht mehr gelingen. Und schließlich haben manche ein ausgesprochen zurückhaltendes Wesen. Sie erleben sich mitunter im Umgang mit anderen Menschen als ungeschickt und langweilig. Entsprechend unterschiedlich sind ihre Erwartungen an den Flirtkurs. So verständlich der Wunsch des schüchternen und einsamen jungen Mannes ist, ganz schnell den Dreh zu lernen, mit dem er eine Frau fürs Leben gewinnen kann – dieses Ziel ist zu weit gesteckt.

Als Sie in die Schule kamen, haben Sie auch nicht einfach den Füllhalter gezückt und gleich einen kleinen Aufsatz schreiben können, sondern Sie haben langsam, Schritt für Schritt, gelernt, einen Buchstaben nach dem anderen zu schreiben. Sie konnten wahrscheinlich auch nicht sofort schwimmen – außer, wenn Sie in den ersten Lebensmonaten zum Babyschwimmen gebracht worden sind –, sondern haben erst einmal mit einem Schwimmreifen unter der Obhut Ihres Vaters im Flachen geübt.

Meinen Kursteilnehmern und auch Ihnen empfehle ich, auch erst einmal »im Flachen« zu üben. Verlangen Sie nicht sofort Heldentaten von sich. Einmal in die Rolle des gewandten Frauenfreundes oder der die Männer verwirrenden

»femme fatale« zu schlüpfen sollten Sie sich für später aufheben, wenn Sie sich Ihrer Flirtfähigkeiten etwas sicherer geworden sind. Übrigens, als Experiment für Fortgeschrittene betrachtet, sollten Sie es dann aber wenigstens einmal ausprobieren. Sie können dabei viel Neues über sich erfahren. Gehen Sie schonend und rücksichtsvoll mit sich um. Wenn wir unser Ziel zu weit stecken, ist die Gefahr, einen Mißerfolg zu erleben, größer, als wenn wir nur einen kleinen Schritt über das hinausgehen, was wir schon gut können. Der Erfolg wird uns bestätigen und anspornen weiterzumachen.

Übung:
Nehmen Sie, sooft sich die Gelegenheit dazu bietet und im Rahmen Ihrer momentanen Möglichkeiten, Kontakt zu anderen Menschen auf. Wenn Sie Ihr Brot kaufen, sagen Sie ein paar freundliche Worte zur Verkäuferin. Sprechen Sie in der Warteschlange bei der Post den vor oder hinter Ihnen Stehenden an. Verzichten Sie erst einmal auf den Kontakt zu den Menschen, denen gegenüber Ihnen schon beim bloßen Gedanken, auf sie zuzugehen, heiß wird.
Machen Sie diese Übung, auch wenn Sie das sowieso schon gut können. Achten Sie aber jetzt einmal darauf, wie Sie es machen. Und vor allem beobachten Sie, wie Sie sich danach fühlen. Hinterläßt die kleine Plauderei keine Spur in Ihnen? Dann sind Ihre Sinne vielleicht noch nicht für die Nachwirkungen solcher kleinen Begegnungen geschärft, oder Sie haben sich auf einer eingefahrenen, formalen Schiene bewegt. Gehen Sie einen kleinen Schritt über die Floskeln hinaus, die man üblicherweise beim Einkaufen wechselt. Die Frau an der Kaufhauskasse ist auch ein Mensch mit einer ganz eigenen Geschichte. In der Routine ihres Arbeitstages langweilt sie sich manchmal oder leidet unter dem Streß.

Auch die Kassiererin kurz vor Ladenschluß am langen Samstag wird einen Moment lang aufatmen, wenn Sie mitfühlend zu ihr sagen: »Ganz schön was los heute«. Dann richten Sie Ihre Worte nämlich an den Menschen hinter der Funktion. Sehr wahrscheinlich wird sie Ihre Freundlichkeit mit Freundlichkeit beantworten. Sicher, das ist keine große Sache. Aber Sie haben damit sich und ihr eine winzig kleine Freude gemacht.
Ein Kursteilnehmer erzählte uns von einer Reise zu einer Tagung in einer fremden Stadt. Durch unseren Kurs aufmerksam geworden, bemerkte er eine Möglichkeit, mit jemandem in Kontakt zu kommen, die ihm vorher sicher entgangen wäre. Er kannte sich dort nicht aus. Statt wie sonst in den Stadtplan zu schauen, sprach er eine Dame an und fragte sie nach dem Weg. Zufällig besuchte sie auch den Kongreß, und sie schlossen dann während der Tagung eine nähere Bekanntschaft. Ihm war plötzlich bewußt geworden, daß er es sich angewöhnt hatte, immer alles allein zu tun und es anderen gar nicht zumuten wollte, ihm behilflich zu sein.
Ist es denn wirklich eine Zumutung, wenn Sie sich von Mensch zu Mensch an jemanden wenden und eine kleine Hilfestellung erbitten? Sie wollen ja nicht sein Geld oder ihn für den Rest seiner Tage für Ihre Pläne einspannen.
Ich fahre öfter mit der Straßenbahn und beobachte dabei eine typische Situation, die sich aber ganz unterschiedlich gestalten kann. Mütter mit Kinderwagen sind, wenn sie allein unterwegs sind, beim Ein- und Aussteigen auf Hilfe angewiesen. Jeder weiß, daß das so ist. Sicher, der Fahrer ist letzten Endes dafür zuständig. Den bitten aber die wenigsten darum, mit anzufassen. Wahrscheinlich ist es Ihnen auch schon einmal so ergangen, daß Sie beim Anblick einer Frau mit Kinderwagen an der Haltestelle sich lieber etwas entfernt von ihr plaziert haben. Woher kommt dieses un-

gute Gefühl, das uns dann beschleicht? Zunächst ist es eine unvorhergesehene Situation, die unsere Routine beim Straßenbahnfahren stört. Wenn wir selbst nicht gerade sehr bepackt sind, ist es nur eine kleine Mühe, ihr dabei zu helfen, den Wagen in die Bahn zu heben – mal abgesehen davon, daß man bei manchen Kinderwagenmodellen nicht weiß, wo man anfassen soll. Ferner ist es zwar eine selbstverständliche Hilfestellung, um die man aber doch gebeten werden möchte. Manche Mutter löst diese Angelegenheit auf charmante Art. Sie nimmt schon vorher Blickkontakt zu einem Wartenden auf und bittet ihn oder sie mit einem freundlichen Lächeln, ihr zu helfen. Man fühlt sich auf angenehme Weise angesprochen und ist in der erfreulichen Lage, etwas zu geben zu haben. Vielleicht ergibt sich dabei auch ein kleines Gespräch; man lächelt dem Kind zu; sie bedankt sich, und man kann sich wieder trennen. Bei beiden dürfte dieser kleine Zwischenfall ein angenehmes Gefühl hinterlassen. Leider nutzen die wenigsten diese Situation zu einer freundlichen Kontaktaufnahme. Oft erlebe ich, daß die Frau mit dem Kinderwagen entschlossen auf die sich öffnende Straßenbahntür zusteuert und dabei eine trotzige Miene aufsetzt, als wolle sie ausdrücken, »hier stehe ich, jetzt seid ihr an der Reihe«. Wenn sich keiner von dieser nonverbalen Aufforderung angesprochen fühlt, folgt meist ein mehr oder weniger vorwurfsvolles, »kann mir mal jemand helfen?«. In den meisten Fällen springt dann jemand mit schuldbewußter Eilfertigkeit auf und leistet ihr den Dienst. Häufig ist ihr der dann noch nicht einmal ein gnädiges »Danke« wert.

Es ist oft angenehmer, mit seiner Umgebung in Fühlung zu kommen, als sich als Fremder unter Fremden zu bewegen. Manchmal hilft auch ein belangloses Gespräch mit einem Unbekannten über eine schwierige Situation hinweg.

Ich fuhr einmal zu einer wichtigen Prüfung mit dem Zug in die Nachbarstadt. Vorsichtig, wie ich bin, hatte ich einen frühen Zug genommen, so daß ich über die halbe Stunde Fahrtzeit hinaus noch eine Stunde Spielraum für unvorhersehbare Verzögerungen hatte. Es war Winter, und man mußte mit Verspätungen rechnen. Auf halber Strecke blieb der Zug stehen. Zunächst blieb ich ruhig und las weiter. Doch als es auch nach vierzig Minuten nicht weiterging, wurde ich unruhig. Ich schaute mich nach einem Gesprächspartner um. Das Paar mir gegenüber unterhielt sich leise und ganz vertieft auf polnisch. Ich stand auf und ging durch die Waggons. Auf einer Plattform traf ich eine junge Frau und fragte sie, ob sie wisse, was los sei. Sie antwortete, sie habe gehört, ein paar Äste hätten die Oberleitung beschädigt. Wir kamen ins Gespräch, und ich erzählte ihr von meinem Prüfungstermin. Sie war mitfühlend und sagte, das sei halt höhere Gewalt. Ich könne mir bestimmt bei der Bahn eine Bescheinigung über den Zwischenfall ausstellen lassen. Wir plauderten eine Weile. Obwohl sich an meinem Problem nichts geändert hatte, erleichterte mich das Darüber-sprechen-Können doch sehr.

Hindernisse auf dem Weg zum anderen

Was hält uns eigentlich davon ab, auf andere Menschen zuzugehen? Warum gehört so viel Mut zum ersten Schritt? Häufig sind es unsere eigenen Gedanken, die uns hemmen: »Kann man denn einfach jemand Fremden ansprechen?« – »Der oder die glaubt noch, ich wollte was von ihm oder ihr.« Es ist nicht nur die Angst vor Ablehnung – auf die ich später noch ausführlich zu sprechen kommen werde –, sondern auch die Scham, man könnte dumm dastehen, wenn man eine einfache, unbefangene Frage stellt oder eine banale Bemerkung macht. Wir befürchten oft für kindisch oder hilflos gehalten zu werden, wenn wir naiv und im Vertrauen auf eine wohlwollende Reaktion handeln. Es kann durchaus als beschämend, d. h. unsere Eigenliebe verletzend, erlebt werden, wenn jemand auf unsere höfliche und freundliche Annäherung mit einem arroganten, uns von Kopf bis Fuß messenden Blick und der Bemerkung, »Was fällt Ihnen ein, mich einfach so von der Seite anzuquatschen, Sie Unhold« antwortet. Solch eine Reaktion ist aber eher selten. Und wenn ich hier auch ein bißchen übertrieben habe, es kommt vor, daß wir jemanden nicht erreichen. Es liegt bei uns, ob wir uns davon kränken lassen oder nicht. Was auch immer sein Verhalten verursacht haben mag, im Grunde ist doch er der »Dumme«. Denn er hat sich unser Angebot zu einem freundlichen Wechselspiel entgehen lassen.

Demjenigen, der die Welt als einen Ort sieht, wo jeder nur darauf aus ist, seine Schäfchen ins trockene zu bringen, erscheint ein argloses Angebot zu einem Kontakt, der »nichts bringt«, als sehr einfältig. Aus meiner Sicht kommt mir solch ein Blickwinkel allerdings etwas eingeschränkt vor. Denn er schließt die vielen Möglichkeiten aus, sich ohne große Anstrengung kleine, helle Augenblicke und ein angenehmes Gefühl zu verschaffen.

Tatsächlich müssen wir die Wirklichkeit um uns herum wieder wie durch die Augen eines Kindes sehen, um unbefangen mit anderen in Kontakt treten zu können. Denn ein Kind lebt im Augenblick; hier und jetzt sind alle Möglichkeiten vorhanden, etwas Neues, Spannendes und Interessantes zu erleben. Erscheint uns demgegenüber die Wirklichkeit nicht öde und leer, wenn wir uns gerade in dem Zustande des »Weiß ich, kenn' ich, war ich schon« befinden?

Auch der vielbeschäftigte Manager hat in seinem von Ter-

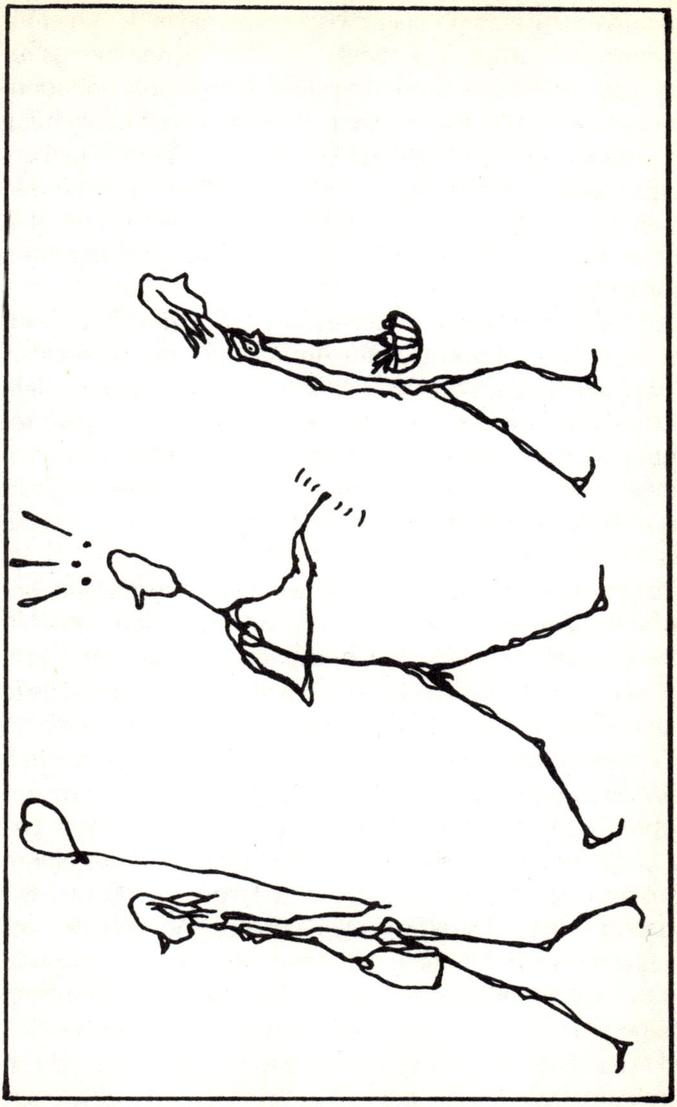

minen durchsetzten Alltag Zwischenräume, in denen er für einen Moment aus der Rolle des straffen Machers heraustreten kann und seine Aufmerksamkeit den kleinen, unbedeutenden, aber lebendigen Ereignissen in seiner Umgebung zuwenden kann. Es liegt bei ihm, ob er den kleinen Jungen, der ja auch in ihm steckt, ab und zu einmal an seinem Leben teilnehmen läßt oder nicht. Sehr wahrscheinlich wird er sich danach um so williger und mit neuer Kraft gestärkt seinen Aufgaben widmen können.

Ein großer Vorzug der Flirtkurse ist es, daß in der Gruppe auf jeden Fall Kontakte entstehen. Am Anfang sagt immer einer: »Aber ich kann doch nicht jemanden so einfach ansprechen. Was soll der denn von mir denken?« Und immer antwortet ihm jemand: »Aber ich freue mich doch darüber, wenn ich angesprochen werde.« Was man selbst gern hätte, wünscht sich oft der andere auch. Es traut sich nur keiner, den Anfang zu machen.

Die Transaktionsanalyse, eine Kommunikationstheorie, beschreibt, wie sich unser Bedürfnis nach zwischenmenschlichen Kontakten aus der frühkindlichen Situation entwickelt. Das Neugeborene braucht neben Nahrung, Schlaf und Pflege auch Aufmerksamkeit und Hautkontakt, um überleben zu können. Säuglinge, die nicht ein Mindestmaß an Streicheleinheiten bekommen, zeigen Störungen, die bis zum Tod führen können. Der TAA-Spezialist Thomas A. Harris beschreibt, wie der kleine Mensch bei der Geburt aus einem Zustand wohliger Wärme »in eine katastrophale Kontrastsituation hinausgestoßen« wird. Dieser Augenblick des Schreckens wird dadurch gemildert, daß dem Säugling ein Retter, ein anderer Mensch begegnet, der ihn aufnimmt, ihn hält und mit dem beruhigenden und zugleich belebenden Akt des »Streichelns« beginnt. Damit wird die zuvor schroff unterbrochene Verbundenheit auf eine andere Art wieder-

hergestellt. Wir wissen heute, daß kontinuierlicher Körperkontakt für das Überleben des kleinen Menschen genauso notwendig ist wie die Ernährung.
Später wird das physische Streicheln ergänzt und teilweise ersetzt durch das psychologische Streicheln in Form sozialen Kontaktes, das uns Anerkennung und das Gefühl von Nähe und Geborgenheit vermittelt. Psychologisches Streicheln kann der wohlwollende Blick sein, der einen Moment lang auf uns ruht, oder der Smalltalk, den wir beim Warten auf den Aufzug mit einem Kollegen austauschen. Auch wenn uns jemand ein ernstgemeintes Kompliment macht, ist das psychologisches Streicheln. Können Sie das annehmen oder wehren Sie es ab, wenn jemand zu Ihnen sagt: »Das Kleid steht Ihnen aber gut«? Ich kenne Frauen, die dann wie aus der Pistole geschossen sagen: »Das habe ich schon lange.« oder »Das war ganz billig.« Wenige können ihre Freude darüber durch ein Lächeln und ein schlichtes »Dankeschön« zeigen.
Natürlich bleibt die körperliche Berührung durch einen Menschen, den wir lieben, etwas weitaus Befriedigenderes als zum Beispiel das unsere Leistung anerkennende Lob des Chefs oder auch ein Flirt. Aber wir können und wollen nicht in ständiger Umklammerung mit unserem Liebsten verweilen. Wir müssen auch unsere Brötchen verdienen, den Haushalt und die Kinder versorgen, und wir wollen auch mal radfahren. Gleichgültig an welchem Platz im Leben wir stehen, ob vor einer Klasse Sechsjähriger oder in einer Autowerkstatt, wir müssen sehr oft allein Entscheidungen treffen und selbständig handeln. Und dazu müssen wir unsere Hände frei haben. In uns sind immer zwei Kräfte wirksam, eine Seite, die nach Unabhängigkeit strebt, und eine andere, die sich nach Zuneigung, Anlehnung und Nähe sehnt. Aus dieser Spannung heraus, für diesen Konflikt müssen wir

immer wieder neue Lösungen finden, die sich in dem zeigen, was wir alles in unserem Alltag tun. Während wir gerade eine wichtige Angelegenheit allein ausfechten müssen, kann ein freundliches Gespräch zwischendurch über belanglose Dinge unseren Wunsch nach menschlicher Anteilnahme vorübergehend stillen.

Amy Bjork Harris und Thomas A. Harris vertreten die Auffassung, »daß jeder, der einen Raum voller Menschen betritt, zu einer Konferenz eintrifft, in ein Kloster eintritt, sich in den Straßenkampf zweier Jugendbanden stürzt, zu einer Party am Swimmingpool stößt oder eine Reise zum Mond antritt, vor allem eine Frage im Kopf hat, die Urfrage: ›Wo bekommt man hier Streicheleinheiten her?‹ Sie ist so fundamental wie die Mutterbrust oder das ›Guck mal, Mama, freihändig!‹ «

Ein Mensch allein kann unsere Bedürfnisse nach sozialem Kontakt nicht vollauf befriedigen. Niemand ist für uns ständig verfügbar, und keiner ist uns so ähnlich, als daß er uns vollkommen verstehen könnte.

Entwicklung des Beziehungsbereichs heißt, zu vielen verschiedenen Menschen Beziehungen unterschiedlicher Reichweite aufzubauen. Während wir mit dem Menschen, der uns am nächsten steht, die uns wesentlichen Dinge teilen können und uns ihm unverstellt, auch mit unseren Schrullen und kleinen Macken, zeigen können, verbindet uns vielleicht mit unseren ältesten Freunden nur die Erinnerung an die gemeinsam verbrachte Schulzeit und an die ersten Schritte in das Erwachsenenleben. Mit anderen haben wir vielleicht nur ein Hobby gemeinsam. Im Rahmen des Gymnastikkurses zum Beispiel fühlen wir uns wohl miteinander, aber darüber hinaus haben wir vielleicht keine gemeinsamen Interessen. Oder wir finden am Arbeitsplatz ein paar Menschen, mit denen wir uns auch noch persönlich ganz gut verstehen.

Flirten zu können, so wie ich es verstehe, macht es uns möglich, wo wir auch sind, mit anderen auf spielerische Art in Kontakt zu kommen. Manch ein Flirt bleibt vielleicht ein einmaliges Erlebnis. Aber gerade weil der Flirt nicht mehr will, als das Spiel des Augenblicks genießen, trägt er in sich das Potential, sich in ganz anderen Formen von Beziehungen fortzusetzen. Indem Sie sich auf den Weg machen, Ihre Flirtfähigkeiten zu entwickeln, werden Sie ganz allgemein Ihre Fähigkeiten zu Kontakten erweitern. Dabei werden Sie sich und andere besser kennenlernen, und daraus werden sich noch ungeahnte Möglichkeiten von Beziehungen ergeben.

Nun ist es aber nicht so, daß Sie alles erst neu lernen müssen. Schließlich sind Sie ein soziales Wesen und haben deshalb schon Freundschaften geschlossen und mehr oder weniger dauerhafte Liebesbeziehungen erlebt. Jede Freundschaft, jede Beziehung hat irgendwann und irgendwo einmal ihren Anfang genommen. Wie auch immer sich diese Beziehungen weiterentwickelt haben, ob sie aus einer vorsichtigen und langsamen Annäherung zu einer über gemeinsame Erlebnisse sich festigenden, tragfähigen Freundschaft oder Partnerschaft geworden sind oder ob aus einer Liebe auf den ersten Blick, von der Sie wie von einem Blitzschlag getroffen wurden, eine dramatische Folge von Höhen und Tiefen entstanden ist – stets standen Sie zu Beginn einem fremden Menschen gegenüber, mit dem Sie in Kontakt gekommen sind. Das heißt, wir verfügen da über einen großen Schatz an Erfahrungen damit, wie wir mit Menschen zusammenkommen können. Diesen Schatz gilt es zu heben. Oft sind wir uns dieses Reservoirs nicht bewußt, wie das bei Achim der Fall war, einem 30jährigen Sozialarbeiter, der nach seiner Scheidung in den Kurs kam. Auf die Frage, wie er seine ehemalige Frau kennengelernt

habe, antwortete er, daran könne er sich nicht mehr erinnern. Sie sei ihm wohl vom Himmel herab in die Arme gefallen.
Auch wenn eine Freundschaft oder Beziehung irgendwann einmal endete, geht das Gute, das wir miteinander erlebt haben, nicht plötzlich verloren. Immer gab es anfangs etwas, das uns zum anderen hingezogen hat, und etwas, das den anderen an uns interessierte. Wir haben Gemeinsamkeiten entdeckt, Erlebnisse miteinander geteilt, Hoffnungen und Zukunftsträume blühten auf. Beziehungen sind, wie alles im Leben, vielschichtig, weil wir komplexe Wesen sind. Eine Beziehung kann niemals ein völliger Irrtum gewesen sein, nur weil wir uns irgendwann entschlossen haben, sie zu beenden. Auch wenn wir enttäuscht und verlassen worden sind, ändert das nichts daran, daß da irgendwann einmal etwas Lebendiges zwischen uns war.

Übung:
Nehmen Sie sich wieder etwas Zeit und Ruhe, und erinnern Sie sich an die Situationen, in denen Sie die Menschen kennengelernt haben, die für Sie wichtig gewesen sind. Schreiben Sie auf, wie Ihre Liebesbeziehungen und Freundschaften begonnen haben.

Flirt als gemeinsames Spiel

Vorübergehend möchte ich Ihren Blick einmal auf den Flirt im engeren Sinne lenken, auf die aufregende, spannende, erotisch getönte Begegnung zwischen einer Frau und einem Mann. Obwohl ich mich schon eine ganze Weile mit dem Flirt beschäftige, genau hinschaue, was dabei zwischen zwei Menschen passiert, viel darüber nachgedacht und gelesen habe und, vor allem, mit vielen Frauen und Männern darüber gesprochen habe, behält er für mich doch immer etwas Vages, Unbestimmtes, auch Geheimnisvolles.

Es liegt wohl an seiner Nähe zum Thema »Liebe«, dem sich Philosophen, Psychologen, Soziologen und Mediziner aus ihren unterschiedlichen Blickwinkeln gewidmet haben, ohne daß es ihnen gelungen wäre, die Liebe bis in ihre letzte Tiefe ausloten zu können. Nicht ohne Grund bietet sie Dichtern und Romanautoren den immergrünen Stoff für ihre Gestaltungen. Die Ursache scheint in ihrer Rätselhaftigkeit zu liegen, die allen Erklärungsversuchen trotzt. Vielleicht ist das auch gut so; denn gelöste Rätsel bewegen uns nicht mehr. Man mag ihr mit einem noch so fein erdachten, wissenschaftlichen Instrumentarium zu Leibe rücken, um ein für allemal herauszufinden, unter welchen Bedingungen sie entsteht, was ihr Wachstum begünstigt und wie sich ihr Verwelken verhindern läßt – sie entzieht sich und bleibt, was sie ist: ein Wunder, das zwischen zwei Menschen geschieht. Wir

können hoffen, daß es uns widerfährt, und ansonsten versuchen, uns einem Verständnis anzunähern.
Die Liebe kann uns wie ein Blitzschlag treffen oder ganz unscheinbar, langsam, still und heimlich in unser Herz eindringen. Wenn wir uns ihr gegenüber öffnen, wird unser wohlgeordneter Alltag durcheinandergerüttelt, wir verlieren unsere Ruhe und Gelassenheit. Wir werden verjüngt und erneuert, können in rauschhafte Zustände der Glückseligkeit emporgehoben werden, aber auch in tiefste Verzweiflung stürzen. Unter ihrem Einfluß sind wir zu Veränderungen fähig, die wir vorher nicht für möglich gehalten hätten. Belebt und bereichert durch ihren lebendigen Quell, geben wir vielleicht leichten Herzens auf, was uns wichtig war.
Da überrascht es nicht, daß sich viele Menschen eher zögernd auf so etwas Brisantes einlassen oder ihm aus dem Weg zu gehen versuchen oder es lieber aus sicherer Distanz erforschen wollen.
Wenn wir uns auf eine Liebesbeziehung einlassen, hat das schwerwiegende Konsequenzen. Es ist ein langwieriger und komplizierter Prozeß, wenn zwei, die beide ihre jeweilige Lebensform als »Single« gefunden haben, sich als Paar zusammentun wollen. Nachdem nämlich der erste Liebesrausch abgeklungen ist, stehen die beiden vor einer Reihe handfester Probleme, für die sie gemeinsam Lösungen finden müssen. Wohnen wir bei mir oder bei dir, oder suchen wir uns eine größere Wohnung? Wer sorgt fürs Einkommen, wer für den Haushalt? Wie halten wir es überhaupt mit dem Geld? Wollen wir Kinder haben? Sollen wir heiraten? Brauchen wir zwei Kühlschränke? Wer gibt seinen ab? Kaufen wir im Bio-Laden oder im Supermarkt? Gehen wir ins Theater oder zum Squash?
Plötzlich stellt man fest, daß man beim Alleinleben Ge-

wohnheiten angenommen hat, die den anderen jetzt stören: Beim Frühstück schon fernzusehen, ist nicht jedermann Sache; und der Anblick des über Bett und Boden verstreuten Inhaltes Ihres Kleiderschrankes – eine Folge Ihrer morgendlichen Unentschlossenheit – auch nicht.

Welchen Stellenwert bekommen jetzt Ihre jeweiligen Freunde? Vielleicht kennen Ihre Freunde Sie ja als jemanden, der sich jederzeit über einen Blitzbesuch freut und der ohne große Umstände für einen Kinobesuch zu haben ist. Auf einmal wollen Sie nicht mehr gestört werden.

Ganz zu schweigen von den Konsequenzen und Problemen, die eintreten, wenn einer noch gebunden ist oder beide schon eine Familie gegründet hatten.

Der Flirt als Spiel mit der Liebe schließt solche lebensbestimmenden Folgen aus. Hier können wir Aufregendes und Spannendes in kleinen Dosen erleben, ohne daß sich das in Folgen fortsetzt, die uns zu Veränderungen zwingen. Im Spiel können wir deshalb leicht aus uns herausgehen, mal eine »kesse Lippe« riskieren, witziger, schlagfertiger und mutiger sein als sonst. Solange beide Spielpartner wissen, daß daraus nicht »Ernst« wird, daß wir nicht beim Wort genommen werden und halten müssen, was wir andeutungsweise versprochen haben, können wir ruhig einmal in eine andere Rolle schlüpfen und andere Seiten von uns zum Zuge kommen lassen. Nur so zum Spaß können wir mit unserem Gegenüber herumalbern wie die Kinder oder als Frau mit Geheimnis unseren Spielpartner dazu verlocken, uns auf die Spur zu kommen. Im spannenden Hin und Her von Annäherung und Auf-Distanz-Gehen läßt sich gefahrlos ausprobieren, wie nahe wir jemandem treten können und wie weit wir wieder zurückweichen können, ohne daß das Spiel abgebrochen wird.

Flirten aus psychologischer Sicht

Was kann uns die Psychologie zum Flirten sagen? Landläufig nimmt man ja an, die Psychologie befasse sich vorwiegend mit Fragen der Persönlichkeit des einzelnen und wie und warum er sich in seiner Art, zu handeln und zu erleben vom anderen unterscheidet. In unserem Alltag sehen wir den Psychologen in erster Linie in der Funktion des »Seelenklempners«, den wir in Anspruch nehmen, wenn wir uns nicht in Ordnung, irgendwie gestört fühlen. Was sind das eigentlich für »Störungen«, die mit Hilfe psychologischer Beratung behoben werden sollen?

Die Menschen, die sich nach langem Zögern endlich entschließen, zum Psychologen oder Psychotherapeuten zu gehen, klagen über tiefe Traurigkeit, unglücklich sein – heute spricht man sehr schnell von »Depression« –, über nagende Unzufriedenheit, das Gefühl, nichts wert zu sein und über Angst zu versagen. Das Leben erscheint ihnen eintönig und grau, sie können sich an nichts mehr so recht erfreuen, und vor allem scheint es keine Aussicht auf eine Änderung dieses Zustandes zu geben. Solche Gefühle sind es oft, die sich in Schlaflosigkeit, innerer Unruhe, in diffusen Ängsten, Suchtverhalten und psychosomatischen Erkrankungen äußern. Bei näherem Hinsehen zeigt es sich, daß die Störungen, die eine psychologische Beratung notwendig machen, Störungen im Beziehungsbereich sind, und zwar in der Beziehung des einzelnen zu sich selbst und in der Beziehung zu anderen.

Wenn Menschen zu mir zur Beratung kommen, sind sie keineswegs durch und durch »verkehrt«, auch wenn ihnen das gelegentlich so vorkommt. Sie sind vielmehr an einem Punkt festgefahren, haben für ein allgemeines Problem nur eine einzige Lösungsmöglichkeit gefunden.

Maria, eine attraktive Frau Anfang Dreißig, wandte sich an mich, weil sie befürchtete, »verrückt« zu werden, das heißt, Dinge zu tun, die sie eigentlich nicht tun wollte. Sie hatte das schon einmal mit sich erlebt, als sie entdeckte, daß ihr Mann eine Freundin hatte. Da war sie wie von Sinnen zu der Boutique gefahren, wo diese Frau als Verkäuferin arbeitete, hatte sie beschimpft und die Kleiderständer umgeworfen. Daraufhin hatte sie sich freiwillig in einer psychiatrischen Klinik stationär behandeln lassen. Sie hatte ihrem Mann klarmachen können, daß sie ihn brauche, und er war zu ihr zurückgekehrt. Doch jetzt hatte er sich endgültig von ihr getrennt. Sie glaubte, ohne ihn nicht weiterleben zu können. Sie hatte ihren Mann mit fünfzehn Jahren kennengelernt. Sehr früh waren sie zusammengezogen und hatten dann auch geheiratet. Von Anfang an hatte sie alles auf diese Beziehung gesetzt. Sie hatte zwar auch einen Beruf erlernt, aber nur, um »dazuzuverdienen«. Er machte ihr keine Freude. Eigene Interessen hatte sie fast keine. Gelegentlich traf sie sich zwar mit ein paar Freundinnen, aber nur, wenn ihr Mann arbeitete oder seinen Hobbys nachging. Die Treffen sollten nur ihre leere Zeit überbrücken, ansonsten gaben sie ihr nichts. Am wohlsten hatte sie sich immer gefühlt, wenn ihr Mann neben ihr auf dem Sofa saß. Wenn er unterwegs war, und das war er häufig, wartete sie sehnsüchtig auf ihn. Sie fühlte sich leblos, inhaltslos, leer ohne ihn. Er erschien ihr dagegen als sehr lebendig und immer vergnügt. Wie immer noch sehr viele Frauen hatte sie die Vorstellung, daß eine Ehe die Entwicklung eigener, unabhängiger Interessen ausschließt. Sie hatte geglaubt, sie würde ihren Mann verlieren, wenn sie nicht pausenlos die Beziehung zusammenhielte. Anfangs konnte sie es überhaupt nicht verstehen, daß ihr Mann sie gerade deshalb verlassen hatte, weil sie ihm zu anhänglich und anklammernd war. Sie hatte sich in der

Versicherung, bei der sie beschäftigt war, sogar auf einen Arbeitsplatz versetzen lassen, der fast keine Anforderungen an sie stellte, um ganz für ihren Mann dasein zu können. Schrittweise mußte sie lernen, daß in ihr viele Möglichkeiten waren, die in verschiedenen Bereichen und Beziehungen zum Ausdruck kommen wollten und die nicht alle in der Beziehung zu einem Menschen unterzubringen waren.

Es ist für uns alle ein Problem, unsere Bedürfnisse nach Halt, Sicherheit und Geborgenheit auf der einen Seite und unsere Wünsche nach Lebendigkeit, Beweglichkeit und Veränderung auf der anderen Seite zu verwirklichen. Maria hatte, wie viele Menschen mit perfektionistischen Ansprüchen, auf die eine Lösungsform gesetzt, in der Ehe ein hohes Maß an Sicherheit zu finden und zugleich durch ihren Mann, also stellvertretend, an vielen Möglichkeiten des Lebens teilzunehmen.

Störungen im Beziehungsbereich haben immer mit Blockierungen, Stillegungen zu tun. In der Beratung versuchen wir dann, das festgefahrene Schiffchen wieder flottzumachen, indem wir nach anderen Lösungen suchen. Im Gespräch und in der Beziehung zwischen Berater und Ratsuchendem erproben wir spielerisch, was sonst noch möglich wäre.

Aus diesem Blickwinkel läßt sich psychologische Beratung auch als Spiel verstehen. Wie bei allen Spielen gibt es dabei Regeln, die einen Rahmen festlegen, innerhalb dessen dann mehr möglich ist als im »wirklichen« Leben. Zum Beispiel ist es allen Formen solcher Beratung gemeinsam, daß die Beziehung zwischen Berater und Ratsuchendem auf die vereinbarten Treffen beschränkt ist und daß es dabei nur um die Belange des Ratsuchenden geht. Wenn daraus »Ernst« wird und die beiden eine Liebesbeziehung eingehen wollen, wird der Rahmen verlassen. Es ist eine höchst künstliche und kunstvolle Situation. Wo sonst im Leben finden Sie jeman-

den, der sich ausschließlich um Sie kümmert und von dem Sie so gut wie nichts wissen, wer er außerhalb des Beratungszimmers ist, wie er lebt, wofür er sich interessiert?
Um nicht in der Routine des Alltags, in unseren Vorstellungen von uns und von anderen steckenzubleiben, brauchen wir ab und zu Gelegenheiten, in denen wir uns einmal anders erfahren können. Im Spiel können wir mit ganz anderen Verhaltensweisen experimentieren, ohne daß es zu weitreichenden Konsequenzen kommt. Die Beweglichkeit, die wir dabei erleben, kann uns vielleicht ermuntern, die Dinge auch in unserer alltäglichen Wirklichkeit einmal anders anzufassen. Der Flirt ist in besonderer Weise dazu geeignet, spielerisch auszuprobieren, welche Möglichkeiten wir sonst noch haben, um mit anderen Menschen in Beziehung zu treten.
Dirk Blothner von der Kölner Universität hat in dieser Hinsicht eine interessante Untersuchung veröffentlicht. Er hat den Flirt im engeren Sinne unter die Lupe genommen, also die erotische Begegnung zwischen einem Mann und einer Frau.
Er unterscheidet vier Formen dessen, was im allgemeinen und in der Literatur unter »Flirt« verstanden wird.
Da ist zunächst einmal der Flirt als sexuelles Abenteuer. Dabei finden sich eine Frau und ein Mann zu einer vorübergehenden sexuellen Begegnung. Es kann zu einem vollständigen sexuellen Kontakt kommen; die beiden können es aber auch beim Austausch von Zärtlichkeiten belassen (»Petting«).
Davon unterscheidet sich der Flirt als spielerisches Vorstadium einer dauerhaften sexuellen Beziehung zwischen einer Frau und einem Mann. Durch den Flirt kann man den potentiellen Partner auf sich aufmerksam machen und dann im spielerischen Hin und Her ausprobieren, ob er als pas-

sender Partner in Frage kommt oder nicht. Schließlich kann man sich ohne jede weitere Verpflichtung auch wieder aus der Affäre ziehen.
Bei der dritten Form, dem Flirt als Koketterie, ist eine sexuelle Begegnung von vornherein ausgeschlossen. Hier geht es nur darum, den anderen auf sich aufmerksam zu machen. Der Austausch dabei ist minimal. Man will den Blick des anderen auf sich ziehen und darüber sein Begehren erwekken. Diese Form des Flirts zielt auf Selbstbestätigung; man will sich vergewissern, daß man als Frau oder als Mann eine Wirkung auf Vertreter des anderen Geschlechts hat.
Der Flirt als Spiel schließlich beabsichtigt weder eine dauerhafte Beziehung noch sexuellen Kontakt. Dirk Blothner sagt dazu: »Diese Form genügt sich in gewisser Weise selbst und beschränkt sich auf Andeutungen sexueller Akte. Sie spielt mit der Vieldeutigkeit von Blicken, Wörtern und der Zufälligkeit und Auslegbarkeit von alltäglichen Berührungen«. Nehmen wir an, ein Mann gibt einer Frau Feuer, und sie legt dabei ihre Hand auf seine. Für Unbeteiligte kann das so aussehen, als wolle sie damit die Flamme vor einem Windstoß schützen. Für die beiden hat diese Geste aber vielleicht die Bedeutung eines zärtlichen Streichelns.
Für den Psychologen ist die Form des Flirts als Spiel mit sexuellen Symbolen am interessantesten. Aus psychologischer Sicht liegt nämlich ein erheblicher Unterschied darin, ob zwischen zwei Menschen ein Austausch von sexuellen Tätigkeiten stattfindet oder ob er, wie bei der Koketterie, vermieden wird. Es ist auch ein Unterschied, ob der Flirt ein Probelauf für eine angestrebte dauerhafte Beziehung ist oder ob er auf der Ebene eines bloßen Spiels gehalten wird. Worum dreht es sich bei einem Flirt? Geht es um eine sexuelle Befriedigung oder um Selbstbestätigung, um die Überprüfung, ob man könnte, wenn man wollte? Steht das

Spielerische, das Spiel um des Spiels willen, im Mittelpunkt, oder ist es eine Einleitung? Welche Folgen, Fortsetzungen hat das, was wir tun?
Beim Flirt als Spiel stellt sich die Frage, was wir eigentlich davon haben. In längerfristigen Paarbeziehungen besteht, ebenso wie in der Entwicklung des einzelnen, die Gefahr des Stillstandes. Dann kommen wir an den Punkt, wo die Möglichkeiten des lebendigen Austausches miteinander erschöpft zu sein scheinen. Dann glauben wir, den anderen durch und durch zu kennen, und unser Umgang miteinander verläuft in sicheren Bahnen. Demgegenüber bietet uns das Flirtspiel die Chance, uns im Verhältnis zu einer anderen Frau oder einem anderen Mann einmal ganz anders zu erfahren als in unserer festen Beziehung.
Allerdings gibt es dabei auch Risiken. Die Schwierigkeit beim Flirtspiel besteht darin, sich von dem Aufregenden, Spannenden, Erotischen, was bei der Annäherung an einen Fremden aufkommt, nicht fortreißen zu lassen. Es setzt voraus, daß man sich auf seine Fähigkeiten verlassen kann, sowohl Nähe als auch wieder Distanz herstellen zu können. Diejenigen, die auch in ihren dauerhaften Beziehungen das Hin und Her zwischen Annähern und Wieder-für-sich-Sein beherrschen, sind daher auch wohl diejenigen, die das Flirtspiel gefahrlos genießen und zur Belebung ihrer Beziehung gebrauchen können. Blothner kommt zu dem Schluß, »daß das Flirtspiel weniger eine Angelegenheit der Unglücklichen ist, sondern eher der ›glücklich Gebundenen‹ «.

Gemeinsamer Spiel-Raum

Aber nun wollen wir uns wieder unserer etwas weiter gefaßten Definition des Flirtens zuwenden. Wenn wir unter einem Flirt jede Art von spielerischem, unbefangenem Kontakt verstehen, ob der nun zwischen möglichen Liebespartnern oder in der Begegnung zwischen Frau und Frau, Mann und Mann, alt und jung entsteht, eröffnet sich uns ein größeres Feld, in dem wir neue Erfahrungen machen können. Es geht hier nicht um eine möglichst reine, d. h. wissenschaftlichen Maßstäben genügende Darstellung des Flirts, sondern um möglichst alltagsnahe Beschreibungen, denen wir Hinweise entnehmen können, wie wir unsere Möglichkeiten, auf andere zuzugehen, erproben und erweitern können.

Beim Flirt im engeren Sinne bringt uns das Erotische, die Fülle an sexuellen Auslegungsmöglichkeiten, in Bewegung. Was gibt den anderen spielerischen Kontakten Lebendigkeit?

Stellen Sie sich vor, es ist Freitagabend, und Sie sind zu einem größeren Fest bei Freunden eingeladen. Obwohl die Situation eigentlich auf Geselligkeit hin angelegt ist, stehen Sie schon eine ganze Weile etwas hölzern mit Ihrem Bierglas in der Hand herum. Sie sind heute nicht sehr kontaktfreudig; eine anstrengende Woche liegt hinter Ihnen, und Sie wären viel lieber zu Hause geblieben. Dann hätten Sie es sich vor dem Fernseher gemütlich gemacht. Nur weil Sie Ihren Freunden keinen Korb geben wollten, sind Sie hier. Jemand neben Ihnen hebt plötzlich sein Weinglas, schaut Sie an und fragt: »Na, was sagen Sie denn zu diesem Tröpfchen?« Bevor Sie sich von Ihrer Verblüffung erholt haben und antworten können, daß Sie Wein nicht mögen, beginnt Ihr Gegenüber das Glas vor seinen Augen zu drehen und spricht über Farb- und Geschmacksnuancen bei Weißweinen. Sie hören noch hin, als er Ihnen davon erzählt, daß er Rotwein bevorzuge und kürzlich direkt vom Weingut einen hervorragenden Château-Neuf-du-Pape ergattert habe. Doch seinen weite-

ren Ausführungen über Weinlagen und Rebsorten können und wollen Sie nicht mehr folgen. Längst sind Sie damit beschäftigt, wie Sie sich möglichst schnell von Ihrem Gesprächspartner lösen können, ohne unhöflich zu sein.
Dieser Kontaktversuch ist schon im Ansatz gescheitert. Günstiger wäre es gewesen, wenn Ihr Gegenüber auf sein Lieblingspartythema verzichtet hätte. Wäre er aufmerksamer gewesen, hätte er bemerkt, daß Sie sich etwas verloren fühlen, und hätte sich Ihnen mit der Bemerkung nähern können, »es dauert immer etwas, bis man auf so einer großen Fete warm wird.« Vielleicht wären Sie beide dann über das Thema der neuen Wohnung Ihrer Freunde darauf gekommen, daß er, ebenso wie Sie, ein begeisterter Hobbygärtner ist, und es hätte sich eine lebhafte Unterhaltung ergeben.
Damit ein Kontakt gelingt und für beide ein vergnügliches Erlebnis werden kann, ist es nämlich notwendig, den Bereich zu finden, in dem wir uns lebendig begegnen können. Es geht um den gemeinsamen Spiel-Raum, in dem beide die Möglichkeit haben, sich frei und ungezwungen bewegen zu können. Wenn wir mit jemandem ins Gespräch kommen wollen, den wir noch nicht kennen, wissen wir nicht, wofür er sich interessiert, was er mag und was er nicht leiden kann, wofür er sich begeistern kann und was seine Reizthemen sind, bei denen er regelmäßig in die Luft geht. Genauso geht es dem anderen mit uns. Was wir voneinander wissen, beschränkt sich zunächst auf das, was wir in dieser Situation hier und jetzt wahrnehmen können. Wenn Sie zum Beispiel ein leidenschaftlicher Fußballanhänger sind, wird der Mensch, der im Stadion neben Ihnen steht, mit großer Wahrscheinlichkeit auch am Fußball interessiert sein. Da ist der gemeinsame Spiel-Raum schnell gefunden.
Ein lebendiger Kontakt entsteht, wenn wir uns offen äußern

können. Das heißt nun nicht, daß wir einem Fremden ein möglichst umfassendes Bild von uns geben sollen, sondern Offenheit bedeutet: Offenheit in dieser Situation. Unverkrampft ist ein Kontakt, in dem wir dem anderen ein Angebot machen und abwarten können, wie er es aufnimmt und was er damit macht. Gespräche, in denen der eine dem anderen lang und breit erzählt, was er beruflich macht, wie er wohnt, was für ein Auto er fährt und welche Reisen er unternimmt, sind für beide ermüdend. Menschen, die ihr Gegenüber mit einer langen Litanei ihrer Heldentaten überfallen, sind auf Bewunderung aus. Ihr Ziel erreichen Sie meist nicht. Denken wir in einem solchen Fall nicht, »der hat's aber nötig« und wenden uns ab? Sympathie läßt sich dagegen viel eher erwecken, wenn wir uns darauf beschränken, den Teil von uns zu zeigen, der von dieser Situation angesprochen wird, und zugleich dem anderen die Möglichkeit geben, sich ebenso zu äußern.

In meinen Kursen fällt mir oft auf, daß manch einer der Teilnehmer annimmt, er müsse den anderen fortwährend unterhalten, er müsse das gesamte Geschehen bestreiten. Solch eine Auffassung führt dann leicht zu der Situation, die wir aus Witzen kennen, wo Herr Meier eine halbe Stunde auf Herrn Müller einredet, ihn nicht einmal zu Wort kommen läßt und sich schließlich von ihm mit der Bemerkung verabschiedet, »war ein prima Gespräch«. Mal abgesehen davon, setzen Sie sich mit dieser Vorstellung von Unterhaltung sehr unter Druck. Denn Sie werden dann ständig damit beschäftigt sein zu überlegen, was Sie als nächstes sagen sollen. Wir alle kennen auch das Unbehagen, das uns beschleicht, wenn unser Gesprächspartner uns zum bloßen Stichwortgeber macht, uns ins Wort fällt, wenn wir gerade von unserem stillen Wochenende in der Eifel erzählen, um uns mitzuteilen, daß er ja Fernreisen bevorzuge, und dann eine langatmige Schilderung seiner letzten Thailandreise folgen läßt.

Der Spiel-Raum wird von beiden bespielt. Geben Sie dem anderen eine Chance, das Spiel mitzugestalten. Sie werden viel entspannter sein, wenn Sie abwarten können, was der andere zu sagen hat. Überlassen Sie sich dem gemeinsamen Spiel. Dann werden Sie keine langweiligen Gespräche mehr erleben müssen.

Entwickeln Sie Empfangsbereitschaft

Während wir unseren alltäglichen Geschäften nachgehen, begegnen wir vielen Menschen. Auf dem Weg zur Arbeit kann es sein, daß uns jemand nach dem Weg fragt; an unserem Arbeitsplatz wechseln wir mit dem einen oder anderen Kollegen ein paar Worte; unterwegs von einer Abteilung zur anderen können wir beim Warten auf den Aufzug mit einem Fremden ins Gespräch kommen; beim Einkaufen, vor der Kinokasse, beim Sport und im Volkshochschulkurs, überall finden sich Gelegenheiten zu Kontakten – vorausgesetzt, wir sind empfänglich dafür.

Leonard Zunin, ein amerikanischer Psychiater, hat beobachtet, daß sich unsere zwischenmenschlichen Kontakte, gleichgültig, ob es sich um Begegnungen mit Angehörigen, Freunden, Bekannten oder Fremden handelt, durchschnittlich innerhalb von ungefähr vier Minuten abspielen. Offenbar ist das der Zeitraum, innerhalb dessen man sowohl kleine Streicheleinheiten austauschen kann, um neue Kontakte herzustellen und alte zu erneuern als auch die gesellschaftlich akzeptable Zeitspanne, nach der man sich wieder voneinander lösen kann, ohne unhöflich zu wirken.

Was passiert eigentlich während dieser Minutenbegegnungen? Nehmen wir an, Sie sind gerade beim Einwohnermeldeamt und warten darauf, daß Sie an der Reihe sind. Heute ist hier viel Betrieb, und es geht nur langsam voran. Mit der

Bemerkung, »die lassen uns aber ganz schön lange warten« eröffnet Ihr Nachbar das Gespräch, und Sie sind im Handumdrehen in einen »Smalltalk« geraten. Es kann sein, daß Sie diesen Kontakt als mühsam und langweilig empfinden. Aber es kann auch sein, daß Sie schon nach wenigen Augenblikken in ein unterhaltsames und vergnügliches Geplänkel verwickelt sind. Worin besteht der Unterschied, daß wir das eine Mal den Kontakt als schleppend erleben und dabei immer einen Blick auf die Anzeigenleiste »Der Nächste bitte« haben, hoffen, daß wir bald dran sind und aus dieser lahmen Situation befreit werden, während wir das andere Mal ganz vergessen, daß wir eigentlich darauf warten, unseren Paß verlängern zu lassen? Es kann sein, daß beide Gespräche das gleiche Thema zum Inhalt haben, sagen wir, das Wetter. Langeweile entsteht, wenn der Kontakt im Formalen bleibt, wenn Floskeln ausgetauscht werden, wenn beide Beteiligten in sicherer Deckung bleiben. Lebendig wird ein Kontakt immer dann, wenn wir uns persönlich angesprochen fühlen, wenn wir uns ohne Angst – etwa davor, uns zu blamieren – und frei äußern können, wenn wir dem Thema unsere persönliche Färbung geben. Dazu gehört es aber, sich ein bißchen aus dem Schneckenhaus herauszuwagen und das Kind in uns sich beteiligen zu lassen. Ein Kind ist phantasievoll, es kann aus den alltäglichsten Dingen etwas machen. Auch das Wetter läßt sich spielerisch behandeln.

In diesen Minuteneinheiten haben wir die Möglichkeit, uns im freien Spiel zu zeigen. Wir müssen dabei dem anderen keine tiefen Einblicke in unsere Art zu leben gewähren. Es reicht, wenn wir ungezwungen mit dem Material, das gerade vor uns liegt, das der Augenblick uns bringt, umgehen. Je unbefangener Sie sind, desto mehr wird es Ihnen gelingen, Ihre persönliche Art zu zeigen. Es ist ein Pars pro toto, d. h., indem Sie es zulassen, daß sich diese kleine Situation spontan im Wechselspiel mit Ihrem Gegenüber gestaltet, lassen Sie einen Teil Ihrer Art, ein Mensch zu sein, zum Ausdruck kommen.

Unsere persönliche Eigenart ist etwas Vages, Ungefähres, das sich aber konstant durch alle unsere Äußerungen hindurch zieht. Die Art, wie wir uns kleiden, gehört ebenso dazu wie die Art, wie wir über das Wetter sprechen. Allerdings bedeutet das nun nicht, daß ein Blick auf das Äußere eines Menschen sofort eindeutige Rückschlüsse auf seine »Persönlichkeit« zuließe. Wenn Sie zum Beispiel in Ihrer Bank von einer Dame im straßbesetzten Abendkleid bedient werden, heißt das noch längst nicht, daß diese Angestellte ein unangepaßter Mensch ist. Es kann ja sein, daß sie gestern abend im Theater war, ihren Wohnungsschlüssel verloren hat und bei einer Freundin übernachtet hat. Wie jemand aber generell die Erwartung der Bank ihren Angestellten gegenüber, sich seriös zu kleiden, erfüllt, das sagt etwas über ihn aus. Es gibt allerdings keine Eins-zu-eins-Zuordnungen. Das, was wir am Äußeren eines anderen wahrnehmen, ist nur ein kleines Mosaiksteinchen dessen, wie der andere ist. Wir können uns davon angesprochen fühlen oder nicht. Etwas, das uns an einem anderen auffällt, kann uns neugierig auf ihn machen und in uns den Wunsch erwecken, ihn näher kennenzulernen.

Während der vielen alltäglichen Kontakteinheiten laufen hochkomplizierte Prozesse ab. Innerhalb von Minuten stellen wir uns selbst dar und versuchen zugleich herauszufinden, was der andere »für einer« ist und ob es sich lohnt, den Kontakt weiter auszubauen, oder ob wir es bei dieser Begegnung bewenden lassen wollen. Dieses komplexe Geschehen verläuft am ungestörtesten, wenn wir nicht versuchen, ein bestimmtes, unsere vermeintlichen Schwächen kaschierendes Bild von uns abzugeben. Diese Absicht beeinträchtigt nämlich unsere Empfänglichkeit für die Wirklichkeit des anderen. Selbstvertrauen bedeutet, darauf zu vertrauen, daß unsere spontanen Äußerungen ein ungetrübtes Bild unserer Eigenart abgeben und daß dieser Eindruck beim anderen für uns spricht.

Intuition ist lernbar

Wenn wir beiläufig einem anderen Menschen begegnen, liegt darin immer die Chance, einen Freund oder eine Freundin zu gewinnen. Wollten wir mit einer »Checkliste« in der Hand oder im Kopf an solche Situationen herangehen, wäre das nicht nur sehr mühsam, sondern würde auch jede Spontaneität lähmen. Wir verfügen aber alle über ein hochsensibles Instrument, mit dem wir feststellen können, ob jemand zu uns paßt oder nicht – gleichgültig, ob als anregender Gesprächspartner, als Sportkamerad oder ob als Lebenspartner. Wie dieses Instrument funktioniert, wissen wir nicht genau; es übermittelt uns seine Resultate in Form von Ahnungen oder Anmutungen. In der Gesellschaft des einen zum Beispiel fühlen wir uns sofort wohl, während ein anderer in uns Unbehagen hervorruft, so daß wir nicht wissen, wohin mit unseren Händen und Füßen. Manche Menschen erzählen, daß sie bei der ersten Begegnung mit ihrem späteren Ehepartner sofort »gewußt« hätten, daß sie gerade den Mann oder die Frau ihres Lebens getroffen haben. Sie können es nicht erklären, worauf sich diese blitzartige Erkenntnis gründete; sie war einfach da. Es klingt wie Magie. Auf jeden Fall ist es etwas Rätselhaftes, daß wir in einem kurzen Augenblick das Wesen eines völlig Fremden andeutungsweise erkennen können und in Phantasien spätere Ereignisse anscheinend vorwegnehmen können.

Ruth C. Cohn stellt die Intuition als eine Art Wirklichkeit zu erfassen neben die beiden anderen, die sinnlich-geistige Wahrnehmung und die Deduktion, das ist die Erkenntnis des Einzelnen durch Ableitung von einem allgemeinen Gesetz, d. h. also durch Schlußfolgern. Sie ist der Ansicht, daß es sich dabei keineswegs um ein magisches Verfahren handelt, sondern daß es eine allgemeine menschliche Fähigkeit ist, wie »die Fähigkeit zu lieben, zu denken, Theorien zu entwickeln oder Kunstwerke zu schaffen«. Falsch kann unsere Intuition nicht sein, wir können uns aber bei unseren Intuitionen irren, so wie wir uns auch bei unseren denkerischen Schlußfolgerungen irren können.
Ruth C. Cohn versteht die Intuition als hochkomplizierte Fähigkeit, deren Ergebnis plötzlich und mit großer Gewißheit in unserem Bewußtsein auftaucht. Sie beruht auf:

- Klarheit der Wahrnehmungen,
- ausreichender Speicherung entsprechender Fakten,
- geschultem Denken,
- unblockierten, wachen Gefühlen.

Wenn wir von der Macht des ersten Eindrucks sprechen, dann beziehen wir uns darauf, daß wir bei einer kurzen Begegnung sehr vieles wahrnehmen, was über das tatsächlich Gesprochene und Geschehene hinausgeht. Ob unser erster Eindruck dem anderen gerecht wird, hängt im wesentlichen davon ab, ob unser »Empfangsorgan« störungsfrei funktionieren kann oder nicht.
So wird unsere Empfänglichkeit für die Eigenart des anderen erheblich durch die Neigung eingeschränkt, unsererseits einen bestimmten Eindruck beim anderen hervorzurufen. Wenn wir glauben, wir müßten ein Hochglanzbild von uns abgeben, damit sich der andere überhaupt für uns interes-

siert, sind wir während eines Kontaktes hauptsächlich damit beschäftigt, uns ins rechte Licht zu rücken. Auch derjenige, der sich ängstlich kleiner macht, als er ist, um einen »guten Eindruck« zu machen, ist mehr bei sich als in der augenblicklich ablaufenden Situation. Da bleibt dann wenig innerer Raum frei, um wahrzunehmen, was vom anderen kommt. Indem man sich geschönt oder gedämpft darstellt, wird der Eindruck, den man vom anderen empfängt, getrübt. Außerdem präsentiert man ein mehr oder weniger verfälschtes Bild von sich. Das kann dann dazu führen, daß man immer wieder an »die Falschen« gerät. In meinen Kursen treffe ich manchmal Frauen und Männer, die es häufig erleben, daß sie sich zu Menschen hingezogen fühlen, denen sie ganz gleichgültig zu sein scheinen, während sie mit denen, die ihre Nähe suchen, nichts anzufangen wissen.

Diese immer wiederkehrende enttäuschende Erfahrung kann auch darin begründet sein, daß der Betreffende allzusehr von seinen Wünschen, Sehnsüchten und ängstlichen Vorstellungen gefesselt ist. Nehmen wir an, eine Frau sehnt sich aufs heftigste nach einem Liebespartner. Vielleicht ist sie immer wieder von den Männern, in die sie sich verliebt hat, enttäuscht worden. Möglicherweise fing diese Kette trauriger Erfahrungen schon mit dem ersten Mann in ihrem Leben an, ihrem Vater. Wie alle kleinen Mädchen, hat sie ihn geliebt. Er entzog sich ihr aber, war unerreichbar, sei es, weil seine Arbeit ihn von zu Hause fernhielt, oder sei es, weil er keine angemessene Form gefunden hat, die Liebe des kleinen Mädchens zu erwidern. Aus dieser Liebe und der Unmöglichkeit, sie mit dem Vater in einer wirklichen Beziehung zu gestalten, entstand in ihr eine Spannung, die auf irgendeine Weise gelöst werden wollte. War sie ein phantasiebegabtes Kind, dann hat sie sich aus dieser Spannung heraus ein Bild des Vaters gemacht und ihn darin mit allen

Eigenschaften ausgestattet, die sie sich von einem liebevollen Vater wünschte. Dieses Bild zeigt einen Mann, groß, mächtig, immer ihr zugewandt, kurz, vollkommen. Vielleicht war er ja auch bei ihren seltenen Zusammentreffen besonders nett zu ihr. Aber seine Unerreichbarkeit hat verhindert, daß sich eine reale Vater-Tochter-Beziehung entwickelt hat, in der sie ihn als diesen bestimmten Menschen mit seinen besonderen Stärken und Schwächen kennenlernen konnte. Statt der Erfahrung mit einem Menschen, der viele Facetten hat, erhält sie in sich das vereinfachte (Wunsch-)Bild eines vollkommenen Mannes aufrecht. Dieses Vorstellungsbild wird ergänzt durch ihre reale Erfahrung, daß ihr Vater sie allein ließ und ihr meist nicht das gab, was sie sich wünschte. Je nachdem, wie stark sie an ihre unerfüllte Sehnsucht gebunden ist, wird sie bei einer Begegnung mit einem Mann mehr mit ihrer Vorstellung beschäftigt sein, wie ein Mann zu sein hat, oder fähig sein, trotz ihres Bildes diesen wirklichen Menschen kennenzulernen. Werden durch eine reale Begegnung solche lebendigen Vorstellungsbilder angerührt, können sie die Wahrnehmungen beeinträchtigen.
Aber auch weniger intensive Vorstellungen können den ersten Eindruck stören. Das sind unsere Voranmahmen oder Vorurteile. Solche Voreingenommenheiten, etwa die: »Männer mit Bärten haben immer etwas zu verbergen«, verhindern, daß wir auf einen Menschen eingehen. Zu schnelle Schlußfolgerungen und Verallgemeinerungen behindern die Korrektheit unserer Wahrnehmungen.
Wenn wir dagegen Menschen so sein lassen können, wie sie sind, ihnen mit einer bejahenden Haltung gegenübertreten und akzeptieren können, daß wir den anderen nicht auf den ersten Blick in seiner ganzen Komplexität erfassen können, dann sind wir auch offen für die leise, unaufdring-

liche Stimme unserer Intuition, die uns mit plötzlicher Gewißheit eine Ahnung von der Realität des anderen übermittelt.

Übung:
Nehmen Sie sich wieder etwas Zeit und Ruhe. Erinnern Sie sich an die erste Begegnung mit einem Menschen, der für Sie schließlich eine große Bedeutung bekommen hat. Versetzen Sie sich in diese Situation zurück, und lassen Sie die Phantasien, Ahnungen und Gedanken aufsteigen, die Sie damals hinsichtlich dieses Menschen hatten. Was davon hat sich beim näheren Kennenlernen bestätigt? Worin haben Sie sich geirrt?

Auf welcher Welle senden Sie?

Haben Sie das nicht auch schon erlebt, daß Sie jemanden getroffen haben und nach kurzer Zeit das Gefühl hatten, ihn schon jahrelang zu kennen? Auf Anhieb konnten sie einander verstehen. Sie hatten »dieselbe Wellenlänge«; sie sprachen dieselbe Sprache. Spontan haben Sie zu jemandem Zugang gefunden und er zu Ihnen; schnell sind Sie in einen reibungslosen Austausch gekommen und haben das Gefühl, Sie hätten noch Gesprächsstoff für Jahre. Demgegenüber fangen andere Begegnungen schon mit Verständigungsschwierigkeiten an. Vielleicht sind Sie mit einer ersten Bemerkung gleich »ins Fettnäpfchen getreten«, haben ein Reizthema des anderen getroffen und werden mit einer schroffen Entgegnung konfrontiert. Falls Sie den Kontakt dann nicht einfach abbrechen, kann es sein, daß Sie nach einer etwas holprigen Anwärmphase doch noch zu einer sie beide bereichernden Unterhaltung finden. Dagegen kann der Kontakt, der so flüssig und vielversprechend begann, nach einer Weile vor unerwarteten Hindernissen stehen oder einfach versanden.

Die meisten Menschen gehen von der Annahme aus, daß alle anderen die Welt genauso sehen wie sie selbst es tun. Als Menschen in unserer von Menschen bestimmten und gemachten Wirklichkeit ähneln wir uns zwar und können uns oberflächlich verstehen. Dennoch hat jeder aufgrund dessen, was ihm widerfahren ist und wie er es auf seine persönliche Art erlebt und bewältigt hat, sein eigenes Bild dieser Wirklichkeit entwickelt. Jeder ist eine Welt für sich, Bewohner seiner eigenen inneren Welt. Jeder hat seinen eigenen besonderen Blickwinkel, von dem aus er sich selbst und die Außenwelt betrachtet. Sich seiner selbst bewußt zu sein bedeutet zunächst einmal, um dieses Getrenntsein vom anderen zu wissen und es zu akzeptieren. Von da aus können wir uns aufmachen, die Sichtweise des anderen kennenzulernen. Indem wir uns darum bemühen, die Welt einmal durch die Augen des anderen zu sehen, wird uns nicht nur klarer, wie wir sie selbst sehen, sondern wir können unseren Blickwinkel auch erweitern. Intelligenz hat unter anderem damit zu tun, eine Sache von verschiedenen Standpunkten aus betrachten zu können.

Stellen Sie sich vor, der andere käme aus einem weit entfernten Teil dieser Welt, einem anderen Land, einer anderen Kultur – tatsächlich ist seine innere Welt eine andere, vielleicht ganz andere als Ihre. Hören Sie ihm aufmerksam zu, und versuchen Sie, sich ein Bild von seiner »Kultur« zu machen. So gesehen gibt es keine »falsche« Sichtweise, nur unterschiedliche Blickwinkel. Viele Streitigkeiten und Zerwürfnisse beruhen meiner Ansicht nach auf Mißverständnissen. Jeder glaubt, der eigene Blickwinkel sei der einzig mögliche und »richtige«. Diese Starrheit steht einem direkten

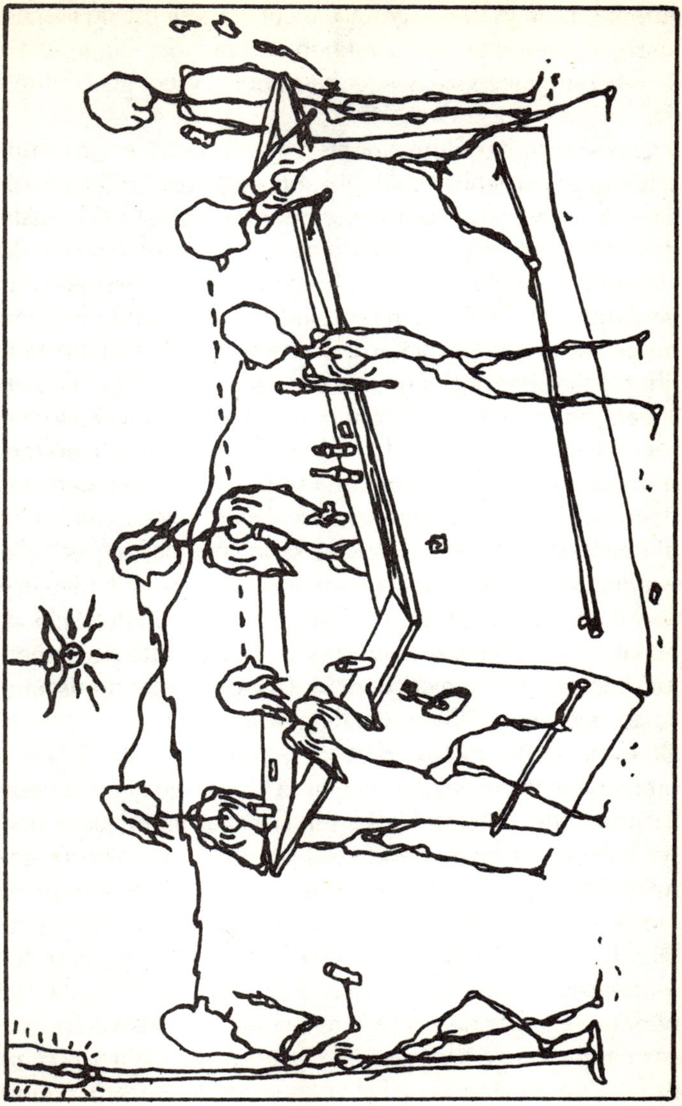

Austausch im Wege. Sagen Sie nicht, »das siehst du falsch«, sondern äußern Sie Ihr Erstaunen darüber, die Dinge so zu sehen, und fragen Sie, wie er zu seiner Ansicht gekommen ist.

Wenn unser Gegenüber anders reagiert, als wir es uns wünschen, berücksichtigen wir allzuoft nicht die Unterschiedlichkeit unserer Standpunkte, sondern beziehen seine Reaktion auf unsere Sicht. Statt zu fragen, wieso er sich so verhält, ziehen wir voreilige Schlüsse. Folgende Beispiele sollen das verdeutlichen: Auf einem Fest sind ein Mann und eine Frau miteinander ins Gespräch gekommen. Während sie sich über alltägliche Dinge unterhielten, entstand Sympathie zwischen ihnen. Beide sind eher vorsichtige, zurückhaltende Menschen. Und obwohl beide den Wunsch verspürten, den Kontakt weiter auszubauen, traute sich keiner, dem anderen ein weiteres Treffen vorzuschlagen. Nach einer Weile trennen sie sich wieder, und es kann sein, daß sie sich nie wieder begegnen. Die Frau erwartet, daß die Initiative immer vom Mann auszugehen habe. Sie zieht nun den Schluß, er habe kein Interesse an ihr gehabt. Dabei hätte sie bemerken können, daß er nicht vom Schlage der »Eroberer« ist und seinerseits auf ein Wort von ihr gewartet hat.

Ein weiteres Beispiel stammt aus einem Kurs: Eine Teilnehmerin berichtete, sie habe in einem Biergarten einen jungen Mann kennengelernt. Sie hätten sich gut unterhalten und schließlich Telefonnummern ausgetauscht. Er wollte sie anrufen. Das war vor zwei Tagen gewesen, und sie hatte noch nichts von ihm gehört. Mittlerweile war sie ziemlich enttäuscht und nahm an, die Sache sei für ihn erledigt. Ein anderer Teilnehmer meinte, das müsse das aber noch längst nicht bedeuten. Er könne sich vorstellen, daß ihr Gesprächspartner ein paar Tage verstreichen ließe, um sie nicht sofort zu sehr zu bedrängen. Er selbst zögere in solchen Situationen auch erst einmal, weil er unsicher sei, wann der richtige Zeitpunkt für einen Anruf sei.

Es gibt keine allgemeingültigen, festen Regeln für den »richtigen Zeitpunkt«. Wir kennen immer nur den eigenen Standpunkt, den des anderen können wir kennenlernen. Handeln müssen wir aber vom eigenen Standpunkt aus. Wenn Sie den Wunsch verspüren, mit dem anderen in näheren Kontakt zu kommen, dann können Sie ihn auch zum Ausdruck bringen. Ganz gleich, wie die Reaktion des anderen darauf ist, Sie gewinnen dadurch die Gewißheit, ob er Ihren Wunsch teilt oder nicht. Sie ersparen sich das Bedauern, eine Gelegenheit versäumt zu haben und, im Falle einer Ablehnung, ein quälendes tagelanges Warten auf ein Entgegenkommen des anderen.

Wir alle nehmen die Wirklichkeit durch unsere Sinne auf: Wir sehen, hören, spüren, riechen und schmecken das, was uns begegnet. Obwohl wir alle über diese »Empfangsorgane« verfügen, können sie beim einzelnen unterschiedlich ausgeprägt sein und vor allem: Jeder hat seine bevorzugte Art und Weise, das, was draußen passiert, aufzunehmen.

Grinder und Bandler sprechen von verschiedenen »Wahrnehmungssystemen«, d. h., wenn wir zum Beispiel die Informationen aus der Umwelt vorwiegend durch das Sehen aufnehmen, bestimmt überwiegend das Optische auch unsere Vorstellungen – unser inneres Bild – von der Welt. Das drückt sich dann auch in der Wahl der Worte aus, mit denen wir uns anderen mitteilen. Wenn ich zum Beispiel über meine Wohnung vom optischen Wahrnehmungssystem aus spreche, wähle ich Begriffe, die mit dem Sehen und dem Sichtbaren zu tun haben: Es ist ein schönes, altes Haus mit Efeuranken. Von meinem Schreibtisch aus habe ich die Aussicht auf einige alte Bäume, und ich kann das Geschehen auf der Straße beobachten. Bin ich dagegen eher ein akustisch

orientierter Mensch, dann werde ich davon erzählen, daß ich manchmal die Geräusche der Nachbarn höre, die über mir wohnen, was ich als anheimelnd empfinde; daß mich die S-Bahn auf der anderen Straßenseite nicht stört, weil die Doppelfenster mich gegen den Lärm schützen. Wenn ich meine Wohnung vom kinästhetischen Aspekt her beschreibe, d. h. dem, der mit Körperempfindungen zu tun hat, hebe ich hervor, daß ich mich darin wohl fühle, weil sie warm ist, und daß ich bei der Einrichtung darauf geachtet habe, möglichst bequeme Sitzgelegenheiten auszuwählen. Auch die inneren Bilder, die wir uns von Situationen machen, von dem, was wir erleben, folgen diesen Wahrnehmungssystemen. Wenn sich eine Frau, die eher ein Augenmensch ist, und ein Mann, der dagegen vorwiegend kinästhetisch wahrnimmt, begegnen, wird jeder seine Sympathie auf andere Art zum Ausdruck bringen. Sie wird den Blickkontakt vertiefen, während er seinen Wunsch, ihr näherzukommen, dadurch äußert, daß er ihr körperlich immer näher rückt und beim Reden ihren Oberarm berührt. Weil er auf ihre Blicke nicht in gleicher Weise reagiert, schließt sie vielleicht daraus, daß er wenig Interesse an ihr als Mensch hat. Möglicherweise wird ihr unbehaglich zumute, und sie denkt: »Der ist wohl nur auf ›das eine‹ aus; was sollen die Leute denken, wenn sie sehen, wie ich mich von ihm betatschen lasse.«
Unser bevorzugtes Wahrnehmungssystem hat Einfluß darauf, auf welche Art Reize wir reagieren, wofür wir empfänglich sind und auf welchem »Kanal« wir vorwiegend »senden«. Ein Mensch, für den das Sehen im Vordergrund steht, wird sich zunächst vom Aussehen eines anderen angesprochen fühlen. Entsprechend wird er, um sich selbst auszudrücken, alles nutzen, was sichtbar ist. Er wird viel Wert auf seine Kleidung legen, wird sich durch Blicke ausdrücken und sich mit Dingen umgeben, die für ihn schön anzuschauen sind. In

einer Paarbeziehung wird er es vielleicht besonders genießen, sich zusammen mit dem Partner als schönes Paar zu zeigen.
Jemand mit vorwiegend akustischer Orientierung wird für Töne, Geräusche und die Klangfarbe einer Stimme empfänglich sein und sich vermutlich auch über die Art, wie er etwas sagt, ausdrücken.
Für Menschen, die hauptsächlich kinästhetisch wahrnehmen, ist es besonders wichtig, ob sie sich in der Gesellschaft eines anderen oder an einem Ort wohl fühlen in ihrer Haut. Sie sind empfänglich für Veränderungen im Räumlichen, ob jemand ihnen nahekommt, sie berührt oder sich auf kühler Distanz hält. Sie berühren andere und fassen Dinge an, lieben Aktivitäten, bei denen sie sich besondere Körperempfindungen verschaffen können, wie Sport, Saunabesuche und Massagen.
Die Bevorzugung eines Wahrnehmungssystems bedeutet nicht, daß wir auf den anderen »Kanälen« nicht auch empfangen und senden können. Wenn wir unsere Aufmerksamkeit ab und zu auf die anderen Wahrnehmungsmöglichkeiten lenken, werden wir auch dort unsere Sinne schärfen können.

Übung:
Zum Abschluß dieses Kapitels über die Empfangsbereitschaft empfehle ich Ihnen folgende Übung:
Legen Sie einmal einen »flirtfreien Tag« fest. An diesem Tag sollen Sie von sich aus nicht direkt auf jemanden zugehen, sondern Ihre Aufmerksamkeit darauf richten, wer auf Sie zukommt. Gehen Sie an diesem Tag aber unter Menschen: Besuchen Sie an Ihrem Arbeitsplatz andere Abteilungen; essen Sie in der Kantine; gehen Sie mal zum Kopiergerät (das steht meist an einem zentralen Platz, an dem viele Leute

vorbeikommen); machen Sie nachmittags einen Stadtbummel, und gehen Sie abends dorthin, wo Sie mit Sicherheit viele Menschen treffen werden. Achten Sie darauf, bei wem ein Blickkontakt einen Sekundenbruchteil länger dauert als üblich, wer Ihre Nähe sucht. Beschränken Sie sich auf das Aufnehmen von Signalen; stellen Sie sich an diesem Tag auf »Empfangen« ein. Geben Sie anderen die Chance, auf Sie zuzugehen – und antworten Sie bitte, falls Sie jemand anspricht. Notieren Sie Ihre Beobachtungen.

Die Kursteilnehmer berichteten, daß sie bei dieser Übung nicht nur erleben konnten, wie viele Menschen zu Ihnen Kontakt aufnahmen, sondern einige stellten auch fest, daß sie stark dazu neigten, selbst den ersten Schritt zu tun.

Der erste Schritt

In meinen Flirtkursen finden viele Teilnehmer den ersten Schritt auf einen potentiellen Flirtpartner zu am schwierigsten. Viele glauben – und manche erleben es auch so –, daß die Sache schon laufen wird, sobald es gelungen ist, sich bei jemandem einzuklinken. Häufig wird angenommen, man müsse als guter Flirter über ein Repertoire besonders geistreicher oder sonstwie Interesse erweckender Anfangssätze verfügen. Eine Teilnehmerin spitzte das einmal zu in der Frage nach dem Satz, mit dem man sein Gegenüber todsicher binden könne. Dieses »Sesam, öffne dich!« zum Herzen des anderen Menschen gibt es aber nicht.
Auch Fred, ein 28jähriger Elektroingenieur, klagte darüber, daß ihm nichts einfalle, wenn er mit einer netten Frau in Kontakt kommen wolle. Er besuchte den Kurs, um dieses Problem in den Griff zu bekommen. Bisher war er immer mit einem Freund zusammen ausgegangen, dem das Ansprechen junger Damen beim Tanzen oder in der Kneipe leichtfiel. Die beiden hatten vereinbart, daß der Freund jeweils den Anfang machte und daß Fred sich dann dazuschaltete. Der Freund war also eine Art Lotse für ihn. Alles weitere, das Flirten, nachdem das erste Eis getaut war, beherrschte Fred ganz gut. Diese Abhängigkeit von seinem Freund wurde ihm aber langsam lästig. Nachdem er seine Schwierigkeiten so klar benannt hatte, probten wir die Situation im Rollenspiel.

Wir wählten eine nicht ganz einfache Aufgabe. Fred sollte mit einer Teilnehmerin folgende Szene spielen: Er kommt ins Kino und setzt sich neben eine Dame, die auch allein dort ist. Der Film hat noch nicht begonnen; es ist noch hell. Ich riet ihm, nicht lange zu überlegen, sondern mit dem ersten besten Satz, der ihm einfiel, das Gespräch einzuleiten. Er fragte sie: »Bin ich hier richtig? Läuft hier ›Der mit dem Wolf tanzt‹?« Sie antwortete: »Ja. Das ist mir aber auch schon passiert, daß ich nicht wußte, ob ich im richtigen Kino bin. Bei diesen vielen kleinen Kinos . . .« Von da aus lief das Spiel glatt weiter. Sie sprachen über Kinobesuche und daß es eigentlich schöner wäre, mit jemandem zusammen Filme anzuschauen. Und schließlich konnte Fred seiner Nachbarin ohne Schwierigkeiten vorschlagen, nach dem Film noch ein Bier zusammen zu trinken.
Solche Rollenspiele führen wir öfter durch. Wenn ich danach frage, was der eine als erstes zum anderen gesagt habe, weiß der Angesprochene es meistens nicht mehr. Es scheint also zu allererst einmal darauf anzukommen, daß man etwas sagt und nicht darauf, was man sagt.
Allerdings ist es nicht ratsam, in der Straßenbahn einen Mann, der einen noch nicht einmal angesehen hat, von hinten mit der Ansprache zu überfallen: »Guten Tag, ich heiße Karin. Sie gefallen mir. Möchten Sie heute abend zu mir zum Essen kommen?« Es ist zwar gut und schön, wenn man weiß, was man will. Aber »mit der Tür ins Haus zu fallen« ist eine Methode, bei der das Risiko einer Ablehnung groß ist.
Zunächst ist es angebracht, einen Blickkontakt herzustellen. Erwidert der Angeschaute Ihren Blick, oder läßt er seinen Blick gleichgültig über Sie hinweggleiten? Auf diese Weise läßt sich schon feststellen, ob der andere gerade für eine Annäherung bereit ist oder mit seinen Gedanken ganz woanders ist.

Anknüpfungspunkte

Wenn so das Vorfeld erst einmal vorsichtig erkundet ist, dann läßt sich für den ersten Schritt ein Anknüpfungspunkt improvisieren. Hier können Sie den Erfindungsreichtum Ihres kindlich-verspielten Anteils zum Zuge kommen lassen. Wo auch immer Sie auf jemanden treffen, sind Sie schon gemeinsam in einer bestimmten Situation, ob auf dem Bahnsteig, im Café oder auf der Plattform eines Aussichtsturms. Jede Situation bietet eine Menge Anhaltspunkte, um ein Gespräch zu eröffnen. Sie müssen sich nur auf diesen bestimmten Augenblick einstellen. Machen Sie nur eine Bemerkung zu dem, was Ihnen hier und jetzt auffällt. Die Frage: »Wußten Sie eigentlich, daß Kolumbus heute Geburtstag hätte?« in der Warteschlange vor dem Bankautomaten gestellt, ist zwar originell, aber was soll man darauf antworten? Und, vor allem, wie läßt sich ein minutenlanges Gespräch von da aus entspinnen?

Auch wenn Sie beim anderen etwas Besonderes beobachten, können Sie es zu einer Eröffnung nutzen, etwa »Sie haben aber eine außergewöhnliche Uhr; ist die wirklich aus Stein?« Wenn Sie dabei freundlich vorgehen und dem anderen nicht zu nahetreten, ist die erste Hürde schnell genommen. »Hei, Mädel, du gefällst mir« und »Was rauchen Sie denn da für einen Tabak, das Kraut stinkt ja fürchterlich«, sind wohl eher weniger gelungene Annäherungsversuche. Allerdings kann sich aus einer solchen Konfrontation ein spannendes Wechselspiel ergeben. Es kommt darauf an, welche Tonart Sie wählen und ob Ihr Gegenüber für eine solche Art der Gesprächseröffnung zu haben ist oder nicht.

Am leichtesten gelingt ein Kontakt, wenn Sie etwas in Ihrer Umgebung zum Mittel der Anknüpfung nehmen, das Sie beide interessiert.

Beate, eine 29jährige Erzieherin, hat sich in der Stadtbibliothek einige Bücher ausgesucht und steht nun in der Reihe vor dem Verbuchungsschalter. Nur langsam geht es vorwärts, und sie hat Zeit und Muße, sich die anderen Wartenden anzuschauen. Vor ihr steht eine junge Frau, die sich lebhaft mit ihrer kleinen Tochter unterhält. Sie trägt mindestens zehn Bücher auf den Armen. Als sie den Schaltertisch erreicht, baut sie dort neben einem Stapel Bilderbücher den Stapel mit den Büchern auf, die wohl für sie selbst bestimmt sind. Es gibt eine Verzögerung, weil die Dame am Schalter ihren Platz verlassen hat. Beate wirft einen neugierigen Blick auf den Bücherstapel der jungen Frau. Das oberste Buch trägt den Titel »Die Feldenkrais-Methode«. Davon hat sie schon einmal gehört. Was war das noch? Das hat doch etwas mit Körperarbeit zu tun, erinnert sie sich. Sie schaut kurz zu der jungen Frau hin. Soll sie sie fragen? Warum nicht. Sie sagt zu ihr: »Sie haben da ein Buch über die Feldenkrais-Methode. Kennen Sie sich damit aus?« Die junge Frau scheint einem Gespräch nicht abgeneigt zu sein und antwortet bereitwillig. Es stellt sich heraus, daß sie die Methode unterrichtet, und rasch entwikkelt sich zwischen den beiden eine anregende Unterhaltung. Darüber ist das Verbuchen der Bücher ganz unwichtig geworden; beide haben es zwischendurch erledigt und ihr Gespräch im Vorraum der Bibliothek fortgesetzt. Nach einer Viertelstunde trennen sie sich zufrieden voneinander. Beate weiß jetzt nicht nur, was es mit der »Feldenkrais-Methode« auf sich hat, sondern auch, daß die sympathische junge Frau Rita Meyer heißt und im nächsten Semester wieder einige Kurse an der Volkshochschule geben wird. Rita hat Beate vorgeschlagen, doch einmal dort vorbeizuschauen.

Eine Freundin erzählte mir, wie sie einmal in einem Lokal mit einem ihr fremden Tischnachbarn ins Gespräch kam, indem sie eine Bemerkung zu einer Beobachtung machte, die sie beide betraf. Schon ein Weilchen hatte sie sich aus dem Gespräch der Freunde herausgehalten, mit denen sie dort war, und hatte müßig herumgeschaut, was sonst noch alles passierte. Nachdem ihr Nachbar und sie schon ein paar kurze freundliche Blicke getauscht hatten, fiel ihr plötzlich auf, daß er gedankenverloren mit einem Packen Bierdeckeln rhythmisch auf den Tisch klopfte und daß sie das gleiche tat. Spontan sagte sie zu ihm: »Ich glaube, wir können ein Orchester aufmachen.« Er schaute sie fragend an, und sie erklärte, daß sie ihr gemeinsames Auf-den-Tisch-Klopfen damit meine. Als sie sich gegenseitig vorstellten, entdeckten sie, daß sie ursprünglich den gleichen Beruf hatten, aber in ganz unterschiedlichen Bereichen tätig waren. Es wurde für beide ein interessanter Abend.

Was meine Freundin da spontan und ohne es selbst zu bemerken, getan hatte, nennt man in der Psychotherapie »Pacing«. Das heißt, um den Kontakt herzustellen, gehen wir mit dem anderen – bildlich gesprochen – ein paar Schritte in dessen Takt mit.

Ich nehme an, daß Ihre Phantasie durch diese Beispiele nun auch angeregt worden ist und schlage Ihnen jetzt eine Übung vor, die uns im Kurs immer viel Spaß macht.

Übung:

1) Stellen Sie sich bitte vor, es ist Samstagnachmittag und Sie sind gerade auf einem Straßenfest. Um sie herum herrscht ein angenehmer Trubel. Es gibt Bier- und Würstchenstände, ein Feuerschlucker präsentiert seine Künste, und eine Jazz-Band lockt Sie zum Verweilen und Zuhören an. Da entdecken Sie eine nette Frau oder einen netten Mann. Stellen Sie sich zehn Möglichkeiten vor,

wie Sie mit ihr oder ihm in Kontakt kommen könnten, und notieren Sie sie sich. Auch wenn Ihre Einfälle Ihnen ganz unmöglich vorkommen und Sie wissen, so etwas würden Sie niemals tun oder sagen können, schreiben Sie sie auf.

2) Stellen Sie sich vor, Sie haben einen freien Tag und besuchen eine größere Buchhandlung. Sie entdecken dort zwischen den Büchertischen einen sympathischen Menschen, den Sie gern kennenlernen würden. Stellen Sie sich wieder zehn Möglichkeiten vor – es dürfen ruhig mehr sein –, miteinander ins Gespräch zu kommen, und notieren Sie sie.

Mark, ein 35jähriger Kursteilnehmer, nahm diese Aufgabe zum Anlaß, mit seinen Kollegen ein »Brainstorming« zu machen. Er war so freundlich, mir die dabei herausgekommene amüsante Liste zur Verfügung zu stellen. Beim »Brainstorming« schreibt man alles auf, was einem einfällt, es wird nichts zensiert.

Als Situation hatten wir statt »Straßenfest« und »Buchhandlung« »Supermarkt« und »Spaziergang« gewählt.

1) »Supermarkt«:
   - Ich ziehe mein T-Shirt aus und schenke es ihr.
   - »Wo finde ich das Waschpulver?«
   - »Ich will heute einen Eintopf kochen. Was nehme ich am besten dazu?«
   - »Hallo, sind Sie neu hierher gezogen? Ich kaufe öfter hier ein und habe Sie noch nie gesehen.«
   - Ich mache eine neugierige Bemerkung zu dem, was sie eingekauft hat.
   - Ich beobachte, daß sie etwas sucht, und frage: »Kann ich Ihnen helfen?«
   - »Haben Sie Lust, gleich eine Pause zu machen und mit mir einen Kaffee zu trinken?«

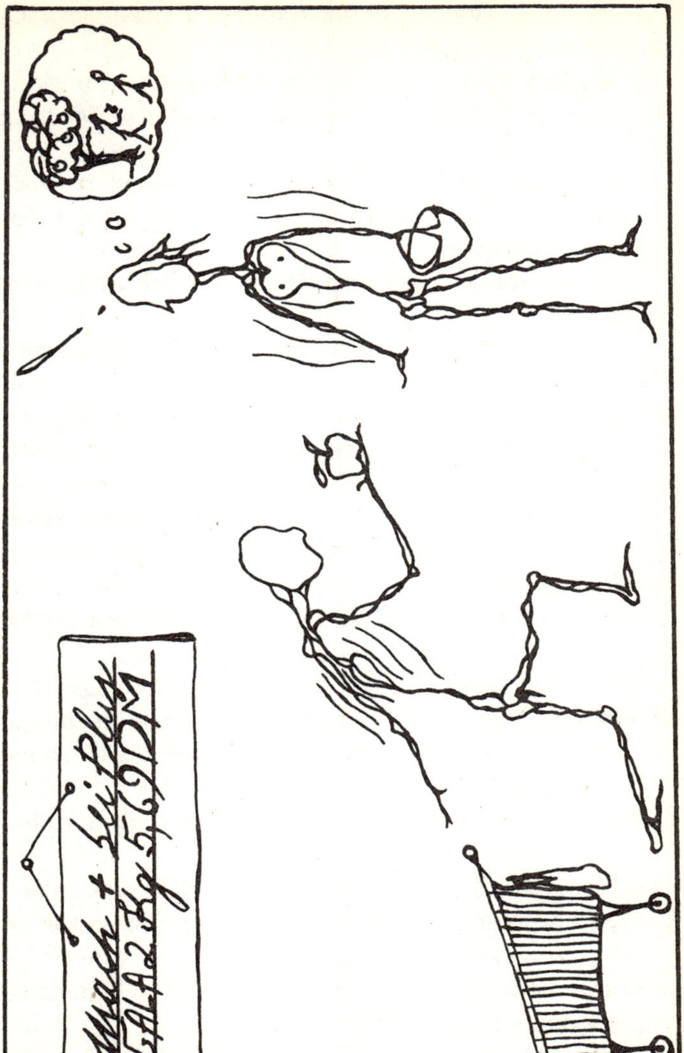
GALA 2 Kg 5,60 DM

- Ich bringe Ware zu ihr und führe ein Verkaufsgespräch mit ihr.
- Ich verfolge sie mit dem Einkaufswagen und beginne nach einer Weile ein Gespräch: »Ich verfolge Sie schon eine ganze Zeitlang . . .«
- Ich nehme eine Glasflasche aus dem Regal, lasse sie fallen und sage: »Sie sehen so toll aus, da fällt mir alles aus der Hand.«
- »Ich würde Sie gern ansprechen, aber ich weiß nicht, wie.«
- Ich bitte sie darum, mir ein Markstück für den Einkaufswagen zu leihen.
- Ich lasse mich von ihr beim Fleischeinkauf beraten.
- Ich bitte sie darum, mir einen Kugelschreiber zu leihen, damit ich meine Einkaufsliste ergänzen kann.
- Ich stelle mich hilflos, so, als wäre ich zum ersten Mal in einem Supermarkt und bräuchte dringend Anleitung.
- Ich frage die Kassiererin, ob ihr die Dame bekannt ist.
- Ich verwechsle absichtlich meinen Einkaufswagen mit ihrem.
- Ich kaufe genau die gleichen Sachen ein wie sie.
- Ich beschmutze ihre Kleidung und gebe ihr meine Adresse mit der Bitte, mir die Rechnung der Reinigung zu schicken.
- Ich biete ihr meine Hilfe beim Tragen der Einkaufstüten an.
- Nach dem Einkauf merke ich mir ihr Kfz-Kennzeichen und besorge mir über das Straßenverkehrsamt ihren Namen und ihre Adresse.
- Wenn der Supermarkt eine Pinnwand hat, hinterlasse ich dort eine lustige Nachricht für sie.
- Ich gebe ein Zeitungsinserat auf: »Kürzlich im Supermarkt . . .«

- Ich steche ihre Milchtüte an und biete ihr dann Papiertaschentücher an.
- Ich leihe ihr Geld.
- Ich kaufe einen Riegel »Mon Chéri« und schenke ihn ihr.
- Ich schlage ihr vor: »Wir tun uns zusammen und kaufen Großpackungen.«
- Ich male an der Obsttheke mit Kugelschreiber einen »Smily« auf ihre Ware.
- Ich klebe einen Aufkleber »Ruf doch mal an« mit meiner Telefonnummer auf ihre Ware.
- Ich fahre mit meinem Einkaufswagen in ihren.
- Ich spreche sie auf ein Detail ihrer Kleidung an und frage, wo man so etwas bekommt.
- Ich sage einfach, was ich will: »Ich möchte Sie gern näher kennenlernen.«
- Wenn sie eine Flasche Wein im Wagen hat, frage ich: »Ist der zu empfehlen?«
- Ich lade sie zum Kaffeetrinken ein mit der Begründung: »Ich muß meine Hausaufgabe für das Flirtseminar erfüllen.«
- Ich lade sie zu einem Eis ein.
- Ich spreche sie auf dem Parkplatz an: »Ich glaube, Sie haben Ihr Auto nicht abgeschlossen.«
- Ich zeige ihr meinen Schlüssel und frage: »Ist das Ihrer?«
- Ich drängle mich an der Kasse vor sie, oder ich lasse sie vor.

2) »Spaziergang«:
   - »Hallo, darf ich Sie ein Stück begleiten?«
   - Ich gehe einfach neben ihr her.
   - »Ist das nicht ein schöner Park?«
   - »Wie spät ist es?«
   - Ich frage sie nach dem Weg oder einer schönen Strecke zum Spazierengehen.

- Ich schaffe mir einen Hund an und bringe ihn dazu, auf nette Frauen zuzugehen.
- Ich täusche eine Ohnmacht oder Verletzung vor.
- Ich gehe mit einem Taschentuch auf sie zu und frage: »Ist das Ihres?«
- Ich lade sie einfach zu einem Kaffee ein.
- »Wetten, daß es mir nicht gelingt, Sie zu überreden, mit mir einen Kaffee zu trinken?«
- Ich gehe voraus und lege mit Zetteln eine Spur, der sie folgen soll nach Art der Schnitzeljagd.
- Ich klaue Blumen vom Beet und überreiche sie ihr mit der Bemerkung: »Für Sie begehe ich sogar einen Diebstahl.«
- Ich gehe unauffällig hinter ihr her.
- Ich spanne zwischen zwei Bänken ein Seil über den Weg, den sie entlangkommt.
- »Entschuldigen Sie, daß ich Sie so einfach anspreche, aber ich muß meine Hausaufgabe für das Flirtseminar erfüllen.«
- Ich weise sie auf Gefahren im Park hin.
- Ich male mit einem Stock ein Herz in den Kies.
- Ich schreibe mit Blumenblättern etwas Nettes auf den Weg.
- Ich miete ein Flugzeug mit einem Spruchband.
- Ich hänge mir ein Schild um: »Sind Sie auch allein? Rufen Sie doch mal an, meine Telefonnummer ist . . .«
- Ich gebe ihr meine Visitenkarte.
- Ich stelle ein Schild mit meinem Namen neben die Bank, auf der ich sitze.
- »Interessieren Sie sich auch für Blumen?«
- Ich lege auffällig ein interessantes Buch neben mich auf die Bank.
- Ich lade sie ein, sich zu mir auf die Bank zu setzen.

- Ich lasse ein T-Shirt mit einem flotten Spruch drucken und trage es beim Spazierengehen.

Das, was Sie sich vorgestellt haben, müssen Sie selbstverständlich nicht genauso in die Tat umsetzen. Wie Sie an den Beispielen gesehen haben, setzt diese Übung zunächst einmal Ideen frei. Wie sich diese Übung dann als Anregung im alltäglichen Leben auswirken kann, zeigte sich bei Mark. Am Ende des Kurses erzählte er uns, daß er seine Nachbarin zum Abendessen eingeladen habe. Und zwar hatte er ein kleines Menü zusammengestellt und eine dekorative Speisekarte angefertigt, die er ihr als Einladung in den Briefkasten steckte. Sie hat zugesagt.

Das Anknüpfen von Kontakten läßt sich auf verschiedene Art üben. Zum Beispiel ist es eine gute Möglichkeit, mit vielen Menschen in Berührung zu kommen, wenn Sie ehrenamtliche Aufgaben im Stadtteil, in der Gemeinde oder in Freizeitgruppen übernehmen. In jeder Schulklasse, in jedem Seminar gibt es immer ein oder zwei Teilnehmer, die die Verantwortung für die Sammelbestellungen von Büchern übernehmen. In jedem Kurs gibt es jemanden, der Fotokopien für alle besorgt und verteilt. Diejenigen haben einen guten Grund, mit jedem ein paar Worte zu wechseln. Schließlich kennen Sie alle anderen mit Namen und werden auch von allen gekannt.

Jetzt fällt mir eine kleine Begebenheit ein, die ich schon längst vergessen hatte: Während meines Studiums hatte ein Freund von mir in einem Supermarkt einen preiswerten, aber wohlschmeckenden Wein entdeckt. Er kaufte ihn kistenweise und lagerte ihn bei mir in einem leerstehenden Zimmer. Seinen Freunden erzählte er, er habe eine günstige Quelle für einen ganz hervorragenden und billigen weißen Bordaux entdeckt. Man könne ihn über ihn beziehen. Soweit ich mich erinnere, gab er den Wein zum Ladenpreis ab, machte also keinen finanziellen Gewinn. Aber es sprach sich unter seinen Kommilitonen herum, und er kam mit vielen in Kontakt.

Wagen Sie sich hinaus

Nachdem Sie sich erst einmal in der Phantasie mit dem Anknüpfen von Kontakten beschäftigt haben – und sicher erstaunt waren, was Ihnen alles eingefallen ist –, werden Sie vermutlich Lust bekommen haben, draußen in der »Wirklichkeit« zu experimentieren.
Es ist anzunehmen, daß Sie in Ihrem Alltag schon sehr viel empfänglicher für Kontakte geworden sind. In unseren Kursen hat es sich eingespielt, am Anfang unserer Treffen erst einmal zu sammeln, was in der vergangenen Woche alles passiert ist. Auch wenn einige Teilnehmer zunächst meinen, sie hätten gar nichts erlebt, stellt es sich doch meist heraus, daß sich hier und da ein vergnügliches Geplänkel ergeben hat. Die Aufmerksamkeit der Gruppe ist oft notwendig, um diese »Schätze« ans Licht zu heben. Denn Veränderungen stellen sich häufig in leiser, undramatischer Form ein und werden vom Betreffenden nicht bemerkt. Die Wertschätzung der Fortschritte durch andere wirkt unterstützend und ermuntert dazu, weiter aus sich herauszugehen.
Eine ähnliche wachstumsfördernde Wirkung hat das schriftliche Nachdenken über das Erlebte. Ich empfehle Ihnen, sich ab und zu einen ruhigen Augenblick zu gönnen, in dem Sie Revue passieren lassen, mit wem Sie in den letzten Tagen in Kontakt gekommen sind und wie das gewesen ist. Schreiben Sie es auf, auch wenn es Ihnen nebensächlich oder unbedeutend vorkommt.

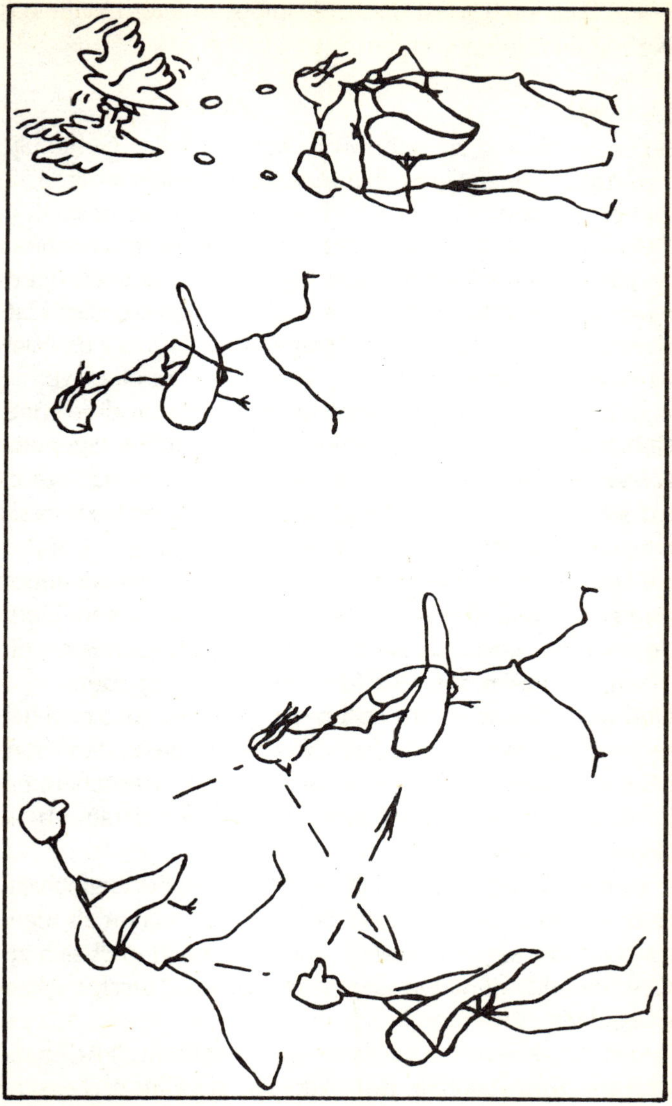

Es gibt aber auch Situationen, die in besonderem Maße das Experimentieren erleichtern.

Übung:
Legen Sie ab und zu einen »Forschungstag« ein. Gehen Sie an Orte, an denen Sie noch nie waren. Vielleicht wollten Sie immer schon einmal dieses Bistro um die Ecke besuchen. Oder vielleicht haben Sie schon öfter mit dem Gedanken gespielt, an einer Tour des örtlichen Fahrradclubs teilzunehmen. Vielleicht hat es Sie schon einmal gereizt, zum Catchen zu gehen oder zum Sechstagerennen. Tun Sie es. Auch wenn Ihre Freunde Ihnen vorschlagen, sie zu einer Vernissage zu begleiten oder zum Feuerwehrball auf dem Land. Gehen Sie mit, auch wenn Sie glauben, daß Sie eigentlich keinen Zugang zur Malerei haben und Ihnen Volksfeste zu laut sind. Schauen Sie sich dort um, und nehmen Sie Kontakt auf zu den Menschen, die Sie dort antreffen.
Ein neues Terrain erleichtert es einem oft, einmal mit neuen und anderen Verhaltensweisen zu experimentieren. Denn dort haben Sie noch keine festen Verhaltensmuster, die Ihnen den Rahmen für Ihr Tun und Lassen vorgeben.
Und wenn Sie sich beim ersten Mal lieber etwas zurückhalten wollen, um zu beobachten, wie es da zugeht, dann ist es auch gut. Die Aufgabe, einen neuen Ort zu besuchen, haben Sie ja schon erfüllt. Orientieren Sie sich daran, ob Sie sich dabei gut fühlen.
In den Kursen erfreut sich diese Übung großer Beliebtheit, und wir verwenden sie über die Hälfte des Kurses als regelmäßige Hausaufgabe. Viele Teilnehmer machen es sich zur Gewohnheit, einmal in der Woche einen »Forschungstag« einzulegen.
Bernd, 43 Jahre alt, hat einen technischen Beruf. Er nahm die Aufgabe zum Anlaß, in der Mittagspause eine esoterische

Buchhandlung zu besuchen. Um diese Zeit war dort nicht viel Betrieb. Während er in Büchern und Schallplatten stöberte, ließ es sich nicht vermeiden, das Gespräch zwischen der Verkäuferin und einer Kundin mitanzuhören. Es ging um die »Bachblütentherapie«. Davon hatte Bernd noch nie gehört. Aufmerksam lauschte er den beiden. Die Kundin, eine attraktive Frau um die Dreißig, interessierte sich für eine CD-Aufnahme. Sie fand den Preis allerdings zu hoch und fragte, ob es keine Musikkassette davon gäbe. Die Verkäuferin bedauerte, und nachdem sie sich noch einen Augenblick über das Thema unterhalten hatten, verließ die Kundin das Geschäft. Bernd war neugierig geworden zu erfahren, um was es dabei eigentlich ging. Dem Gespräch hatte er entnommen, daß die junge Dame sich damit auskannte und daß sie hier Stammkundin war. Er gab sich einen Ruck und ging auf die Verkäuferin zu. Er sagte, er habe ihr Gespräch mit der Kundin verfolgt und interessiere sich jetzt für die CD. Als sie sie ihm einpackte, gab er ihr seine Visitenkarte und bat sie, diese der Kundin zu übermitteln mit dem Vorschlag, er würde ihr die CD-Aufnahme auf Kassette überspielen. Wenn sie wolle, könne sie ihn ja anrufen. Nach ein paar Tagen meldete sich die junge Frau bei Bernd, und sie verabredeten sich. Bernd berichtete uns ganz begeistert von dieser Begegnung.

Manchmal ist es auch notwendig, schrittweise vorzugehen, wie das folgende Beispiel zeigt.

Irma, eine 35jährige Studienrätin, war in den Kurs gekommen, um, wie sie sagte, »mal zu gucken, wie so etwas abläuft«. Sie war geschieden und hatte eine Weile sehr zurückgezogen gelebt. Nach einigen Kursabenden hatte sie mehr und mehr Mut bekommen, aus ihrem Schneckenhaus herauszugehen und neue Kontakte zu knüpfen. Als wir darüber sprachen, welches Ziel der einzelne am Ende des Kurses für sich erreicht haben wolle, sagte sie: »Ich ärgere mich dar-

über, daß ich mich nicht traue, abends allein auszugehen. Ich möchte gern dahinkommen, daß ich allein in eine Kneipe gehen kann. Dann möchte ich mich an die Theke stellen und mit jemandem ein Gespräch anfangen. Falls derjenige mich abblitzen läßt, möchte ich das ganz gelassen hinnehmen und mich dem nächsten zuwenden können.«
Wir machten sie darauf aufmerksam, daß sie damit vielleicht ein bißchen zuviel auf einmal von sich verlange. Ich schlug vor, Schritt für Schritt vorzugehen und das angepeilte Ziel in Einzeletappen aufzuteilen. Da sie im Moment noch eine gewisse Schwellenangst vor dem Betreten eines Lokals hatte, sollten wir erst einmal überlegen, unter welchen Bedingungen sie allein in eine Kneipe gehen könne. Vielleicht war es ihr ja möglich, sie allein zu betreten, wenn sie wüßte, daß nach einer Viertelstunde jemand kommen würde, den sie kennt. Eine andere Teilnehmerin mit dem gleichen Problem bot sich als Partnerin an. In der nächsten Woche berichteten sie, daß Irma eine Viertelstunde vor dem vereinbarten Termin das Bistro allein betreten habe, sich an die Theke gestellt und etwas zu trinken bestellt habe. Eva, ihre Partnerin bei diesem Experiment, war dann auch dorthin gekommen und hatte sich weiter hinten im Lokal an einen Tisch gesetzt. Ihre Aufgabe war es gewesen, dort für die Dauer eines Getränks allein auszuharren. Danach hatten sie gemeinsam das Bistro verlassen und waren essen gegangen. Sie erzählten, daß sie die Situation zwar etwas komisch, gekünstelt empfunden hatten. Aber sie hatten ihr Ziel für diesen Abend erreicht und waren stolz auf sich.
Irma stellte sich dann Rolf als Sparringspartnerin zur Verfügung, der gern einmal allein eine Diskothek besuchen wollte, sich das aber noch nicht zutraute. Sie verabredeten, daß sie ihn etwas später dort treffen würde. Wir bewunderten sie alle, als sie in der nächsten Woche von ihrem Erlebnis er-

zählte. Beim Betreten der Diskothek hatte sie bemerkt, daß sie einem sympathischen jungen Mann aufgefallen war und er zu seinem Begleiter eine Äußerung über sie gemacht hatte. Sie hatte sich ein wenig umgesehen, und weil sie Rolf nicht gleich entdeckte, ging sie zu dem jungen Mann und sagte, sie sei das erste Mal hier und traute sich noch nicht allein auf die Tanzfläche, ob er so nett wäre, sie dorthin zu begleiten. Der junge Mann zeigte sich sehr angenehm überrascht darüber, daß sie ihn angesprochen hatte, und tat ihr gern diesen Gefallen.

Unangenehme Gefühle sind immer ein Anzeichen dafür, daß wir an unserer Lage etwas ändern sollten. Rosi, eine 47jährige Verwaltungsangestellte, sagt: »Wenn ich allein irgendwohin gehe, muß ich auf jemanden zugehen, sonst bleibe ich allein. Wenn ich allein unter vielen Menschen bin, spüre ich die Einsamkeit noch stärker als sonst.« Dieses Gefühl des Unbehagens, das Sie, allein unter vielen Menschen, beschleicht, kann ein bewegender Motor werden, Ihre Hemmschwelle zu überschreiten und Kontakt aufzunehmen. Vielleicht sind Sie ja jemand, der sich schon öfter solchen Situationen ausgesetzt hat. Sie haben eine Weile allein vor Ihrem Getränk gesessen und sind dann doch nicht auf jemanden zugegangen. Möglicherweise denken Sie von sich: »Ich bin eben zu schüchtern, zu ängstlich« usw. Anders betrachtet sind Sie dann aber auch jemand, der dieses Unbehagen, diese Spannung aushalten kann. Ist das nicht eine gute Voraussetzung dafür, den Schritt auf jemanden zu zu tun? Sie müssen nicht unbedingt mit dem Nächstbesten ins Gespräch kommen. Sie können warten und haben deshalb die Wahl: Sie können allein bleiben oder schauen, ob Sie nicht angenehme Gesellschaft finden können. Die Wahl zu haben, zu wissen, ich kann entscheiden, entschärft die Situation.

Wie oft haben Sie schon gedacht: »Ich würde ja gern mal . . ., aber ich traue mich nicht.« Eine mehr oder weniger intensive »Schwellenangst« stellt sich fast immer ein, wenn wir ein Gebiet betreten wollen, das wir noch nicht kennen. Sagen Sie nicht: »Das könnte ich nie«, sondern: »Ich war da noch nie und kenne mich dort noch nicht aus.« Und dann überlegen Sie, unter welchen Bedingungen es Ihnen leichterfallen würde, etwas Neues auszuprobieren.
Vielleicht möchten Sie gern einmal Squash spielen oder eine Sauna besuchen. Da Sie das noch nie gemacht haben, können Sie noch nicht wissen, wie es dort zugeht. An jedem Ort gibt es gewisse Regeln und Gepflogenheiten, die Sie sich meistens schnell aneignen können. Sie können sich den ersten Schritt in ein neues Terrain erleichtern, wenn Sie jemanden begleiten, der sich dort schon auskennt. Ihr Freund oder Ihre Freundin wird Ihnen sicherlich gern den Gefallen tun, für Sie der Lotse zu sein. Es ist keine Schande und tut der Wertschätzung durch Ihre Freunde keinen Abbruch, wenn Sie etwas noch nicht kennen. Im Gegenteil, es schafft Verbindungen zwischen Menschen, wenn Sie sich in dieser bestimmten Hinsicht helfen lassen. Sie werden deshalb nicht zur durch und durch hilflosen Person. Ihre Freunde werden sich freuen, wenn sie Sie an einem Bereich ihres Lebens teilhaben lassen können und dazu beitragen, Ihren Bewegungsspielraum zu erweitern. Das wird dann auch den Bereich Ihrer Gemeinsamkeiten vergrößern. Ich kenne viele Menschen, die aus Angst, vorübergehend auf jemanden angewiesen zu sein, es erst gar nicht versuchen, etwas Neues kennenzulernen.
Vielleicht sind Sie gelegentlich schon einmal mit Ihrer Freundin oder Ihrem Freund abends ausgegangen mit der vagen Hoffnung, jemanden kennenzulernen und ein bißchen zu flirten. Dann haben Sie sich aber den ganzen Abend mitein-

ander beschäftigt, haben sich vielleicht nur darüber ausgetauscht, wie schwierig es ist, neue Kontakte zu knüpfen. Es ist ratsam, sich vorher darüber abzusprechen, ob Sie sich bei einem Bier über Ihre Probleme unterhalten wollen oder ob Sie sich gegenseitig Rückendeckung für neue Begegnungen geben wollen.

Helga, eine 33jährige Diätassistentin, und Claudia, eine 36jährige Sekretärin, beschlossen eines Abends, einen Biergarten zu besuchen, um einmal zu schauen, ob sich ein Flirt ergeben würde. Sie machten sich sozusagen auf eine gemeinsame Expedition. Zunächst stellten sie sich an einen Stehtisch, von dem aus sie einen guten Überblick hatten. Nach einer Weile fand Claudia einen Blickkontakt zu einem Mann, der, allerdings in weiblicher Begleitung, an einem Tisch saß. Helga fing interessierte Blicke von zwei Männern auf, die sich unterhielten. Als etwas später den beiden gegenüber zwei Plätze frei wurden, fragten Helga und Claudia, ob sie sich dazusetzen dürften. Daraus ergab sich schnell ein Gespräch zu viert. Im weiteren Verlauf des Abends gesellte sich der Mann dazu, mit dem Claudia schon auf Distanz geflirtet hatte, und dessen Bekannte sich mittlerweile von ihm verabschiedet hatte. Zum Schluß tauschten alle ihre Telefonnummern aus. Claudia und Helga gingen nun öfter dorthin und lernten auch die Freunde ihrer ersten Gesprächspartner kennen. Nach und nach kamen sie mit immer mehr Menschen in Berührung, die wie sie regelmäßig dort verkehrten. Es wurde für die beiden immer selbstverständlicher, mit anderen Gästen zu sprechen, die sie schon vom Sehen kannten. Im Laufe der Zeit entwickelte sich auf diese Weise ein immer größer werdender Bekanntenkreis.

Was hindert uns am Flirten?

Unser Alltag bietet uns vielfältige Möglichkeiten zu kürzeren oder längeren erfreulichen Begegnungen. Während wir unseren Geschäften nachgehen, könnten wir eigentlich immer und überall ein bißchen Lebensfreude auftanken, die entsteht, wenn wir mit anderen Anteilnahme austauschen oder uns auch nur gegenseitig durch ein Lächeln und ein kleines Wort vermitteln: »Schön, daß es dich gibt.« Mit dieser Rükkenstärkung könnten wir dann gelassener an die Lösung der vielen kleinen und größeren Probleme herangehen, die nun auch mal zu unserem Leben gehören.

Statt dessen hasten wir oft von einer Erledigung zur nächsten, schauen auf die Uhr statt auf die Menschen, die uns entgegenkommen, und werden ungeduldig, wenn sich irgendwo eine Verzögerung einstellt. Das Warten auf einen Zug oder darauf, beim Arzt endlich an der Reihe zu sein, ist uns lästig, und wir verbringen diese »Leerlaufzeit« damit, uns zu ärgern, statt diese uns zufallende Mußezeit zu genießen, die Zügel für einen Moment zu lockern und uns auf einen kleinen Austausch von Streicheleinheiten einzulassen.

Was hindert uns daran, einfach zuzugreifen, das anzunehmen, was sich uns hier und jetzt bietet?

Sicher, manchmal wollen wir einfach unsere Ruhe haben. Wenn wir gerade beruflich sehr unter Druck stehen, im Streß sind oder dringend eine Lösung für ein schwerwiegendes

Problem suchen, wenn uns ein Schicksalsschlag getroffen hat, wir einen nahestehenden Menschen verloren haben, dann brauchen wir alle Kraft, um damit fertig zu werden und haben nichts übrig für ein harmloses Geplänkel.
Auch wenn wir gerade etwas sehr Eindrucksvolles und Schönes erlebt haben, dem wir noch in Gedanken nachhängen, sind wir für die Außenwelt nicht ansprechbar. Aber dann brauchen wir auch momentan nichts Neues, weil wir noch damit beschäftigt sind, dem Erlebten nachzuspüren oder es einzuordnen. Das möchten wir vielleicht erst einmal für uns behalten und mit keinem teilen.
Manchmal sind wir auch einfach »mit dem verkehrten Bein zuerst aufgestanden«, sind schlecht gelaunt oder tun uns erst einmal selber leid, weil sich – angefangen mit dem umgekippten Kaffeefilter beim Frühstückmachen – alles gegen uns verschworen zu haben scheint.
Es gibt also seelische Verfassungen, die vorübergehend unsere Kontaktfreude lahmlegen, einfach, weil in ihnen kein Platz für das Spielerische des Augenblicks ist.
Aber wenn Sie schon über längere Zeit traurig und allein Ihres Weges ziehen und schon monatelang kein erfrischendes Flirterlebnis mehr hatten, sollten Sie überlegen, ob nicht etwa Ihre Vorstellungen von sich und den Menschen um Sie herum Barrieren aufgebaut haben, die Ihnen den Blick versperren.
Selbst wenn Sie von einem Trauerfall betroffen sind, eine Ehekrise oder Scheidung bewältigen mußten oder große finanzielle Sorgen haben, sollten Sie sich nicht allzu lange von anderen abschotten. Gerade in Krisenzeiten sind ein erwärmendes Lächeln, ein freundliches Wort und ein kleiner Plausch über alltägliche Dinge wie Balsam für Ihre angespannte Seele. Sicher, ein kleiner Flirt kann kein Ersatz für eine nahe Beziehung sein. Aber er kann ein kleiner Sonnen-

strahl für Sie sein und in Ihnen die Hoffnung bestärken, daß Sie wieder fähig werden können, neue und andere Beziehungen einzugehen.

Ängste und Hemmungen

Eine der Vorstellungen, die einen Menschen dauerhaft von anderen fernhalten können, ist die, zu schüchtern zu sein, um den Kontakt mit einem Fremden zu wagen.
Wie äußert sich denn Schüchternheit?
Zunächst einmal ist es ein Gedankengebilde des Betreffenden selbst. Man sieht es einem Menschen nämlich nicht auf den ersten Blick an, ob er schüchtern ist oder nicht. Wenn sich jemand zunächst abwartend verhält, ist das noch kein Zeichen für Schüchternheit. Manche Menschen brauchen etwas Zeit, um irgendwo warmzuwerden. Der Schüchterne glaubt, das Spotlight allgemeiner Aufmerksamkeit würde sich auf ihn richten, sobald er einen Raum voller Menschen durchquert oder in einer Runde das Wort ergreift. Er befürchtet, zu stolpern, zu erröten und mitten im Satz steckenzubleiben, sobald er aus sich herausgeht. Da ihm allein der Gedanke daran schon peinlich ist, vermeidet er solche Handlungen möglichst von vornherein. Auf diese Weise schränkt er seinen Erfahrungsbereich drastisch ein. Was ihm im Grunde fehlt, ist eine gewisse gesellschaftliche Gewandtheit, die sich aber nur durch Übung erwerben läßt. Vielleicht hat er irgendwann einmal jemanden erlebt, der ihn mit besonders geschmeidigen Umgangsformen beeindruckte und dem gegenüber er sich unbeholfen fühlte. Oder er hat sich von der Beredsamkeit eines Menschen, der auf Bewunderung aus war, einschüchtern lassen. Wer hat sich noch nicht einmal an einem fremden Ort oder in unbekannter

Gesellschaft scheu und unsicher gefühlt? Derjenige, der sich für ausgesprochen schüchtern hält, hat aus solchen unbehaglichen Erlebnissen den Schluß gezogen, mit ihm sei etwas nicht in Ordnung, statt zu berücksichtigen, daß die Situation vielleicht etwas unglücklich war, etwa weil zwischen den anderen Beteiligten unterschwellige Spannungen bestanden, oder weil er an ein Gegenüber geraten war, das sich, aus welchen Gründen auch immer, stark herausstreichen mußte.

Ich erinnere mich an Angela, eine junge Frau, die sich nur bestimmten Menschen gegenüber als schüchtern empfand, und zwar solchen, an denen sie ein wirkliches Interesse hatte. Sie wandte sich dann lieber an diejenigen, die wenig oder gar keine Attraktivität für sie hatten. Sie befürchtete, bei den anderen zu erröten, und daß diese daran bemerken könnten, sie sei interessiert an ihnen. Als ich ihr vorschlug, sich an Situationen zu erinnern, in denen ihr gegenüber jemand rot wurde, und wie sie sich dabei gefühlt habe, was sie gedacht habe, verlor diese Vorstellung ihre Bedrohlichkeit für sie.

Erröten ist etwas, das spontan abläuft, wir haben keinen direkten Einfluß darauf. Es kommt und vergeht auch wieder. Es ist ein lebendiger Ausdruck dessen, was in uns vorgeht. In Angelas Fall war es ein Zeichen ihrer Befangenheit einem Menschen gegenüber, den sie gern kennenlernen würde. Was ist so schlimm daran, jemandem sein Interesse an ihm zu zeigen? Dagegen kann das Bestreben, nur ja immer »cool« zu bleiben und bloß keine Gefühle zu zeigen, dazu führen, daß vielversprechende Kontakte gar nicht erst zustande kommen.

Die Angst des Schüchternen ist zum einen in unrealistischen Ansprüchen an sich selbst – zum Beispiel in dem Anspruch, wenn er aus sich herausgehe, müsse er glänzen – und an andere begründet – nämlich dem Anspruch, sie müßten begeistert sein von ihm – und zum anderen in der Furcht, daß seine Gefühle abgewiesen würden. Ein mäßiges Interesse und zarte, abwartende Freundlichkeit sind dann schon gleichbedeutend mit einer Abfuhr.

Schüchterne Menschen sind sosehr damit beschäftigt, wie sie ihrer Meinung nach sein sollten, daß sie gar nicht wahrnehmen, daß andere auch nicht solche souveränen, schlagfertigen und was sonst noch für Menschen sind. Aus Schüchternheit kann man herauswachsen, indem man durch vorsichtiges, die eigenen Grenzen berücksichtigendes Handeln seine Hemmungen überwindet und die unrealistische Vorstellung losläßt, andere Menschen seien niemals befangen und fühlten sich nie unsicher.

Aber auch Menschen, die sich nicht für schüchtern halten, haben Angst, mit ihrem freundlichen Flirtangebot abgelehnt zu werden. Besteht nicht immer die Gefahr, lächerlich zu wirken, wenn wir uns jemandem auf verspielte Art nähern? Eine noch so behutsame Annäherung schließt das Risiko nicht völlig aus, daß einem die Schöne, die von weitem so einladend lächelte, beim Versuch, ein Gespräch anzubahnen, die kalte Schulter zeigt. Eher selten dürfte allerdings die kalte Dusche sein, die ein Kursteilnehmer erlebte. Er hatte in einer Discothek schon eine ganze Weile eine junge Dame angeschaut, war dann über die Tanzfläche zu ihr hinübergegangen und hatte gesagt: »Ich möchte dich gern kennenlernen«; daraufhin gab sie ihm eine Ohrfeige.

Oft wird in den Flirtkursen die Befürchtung laut, daß es peinlich sei, von anderen beim Flirten beobachtet zu werden. Manch einer möchte auch fertig ausgearbeitete und garantiert funktionierende Rezepte fürs Flirten, damit einem nur ja kein Fehler unterlaufen könne. Wir sind aber als Menschen fehlerhaft, und es kann passieren, daß wir uns blamieren oder im Eifer des Gefechtes ins »Fettnäpfchen« treten. Wenn wir auf einen fremden Menschen zugehen, wissen wir noch nicht, wo seine Empfindlichkeiten liegen, und da kann es eben geschehen, daß wir danebentreffen. All das ist nicht tragisch; Fehler lassen sich korrigieren. Umgekehrt sollten wir dem anderen eine unbeabsichtigte Kränkung nicht übelnehmen, sondern ihn darauf aufmerksam machen, daß er eine empfindliche Seite bei uns berührt hat. Stellen Sie sich vor, Sie sind eine Frau, die sich gerade ein Herz gefaßt hat und den netten Mann neben sich an der Theke angesprochen hat. Nun antwortet er frotzelnd: »Willst du mich etwa anmachen?« Welche Möglichkeiten haben Sie, aus dieser Situation noch etwas zu machen? Selbstverständlich können Sie sich beleidigt zurückziehen. Sie könnten aber auch die Flucht nach vorn antreten mit einem entwaffnenden »Na klar!« Sie könnten auch darauf hinweisen, daß es Ihnen einfach um ein kleines Gespräch gehe. Und Sie haben auch die Möglichkeit, ihn darauf aufmerksam zu machen, daß diese Reaktion Sie nicht gerade zur Fortsetzung des Kontaktes einlädt: Ganz Mutige erwidern eine Absage mit einem Geschenk: »Darf ich dich zu einem Bier einladen?« Für welche Möglichkeit Sie sich entscheiden, hängt davon ab, was Ihnen in dieser Situation als angemessen erscheint. Dabei spielt sowohl Ihre Einschätzung des anderen eine Rolle als auch Ihre Tagesform.

Es ist nicht immer alles so, wie es auf den ersten Blick erscheint, und Sie haben stets mehrere Wahlmöglichkeiten, was Sie mit dem machen, was vom anderen kommt.

Übung:

An dieser Stelle möchte ich Ihnen wieder eine kleine Aufgabe vorschlagen. Beantworten Sie doch einmal in Ihrem Flirtnotizbuch folgende Fragen:

1) Was spricht dafür, mein zurückhaltendes, vorsichtiges Verhalten beizubehalten? Was erspare ich mir damit?
2) Was spricht dafür, meine Zurückhaltung aufzugeben und andere Verhaltensweisen im Umgang mit anderen auszuprobieren? Was kann ich dabei gewinnen? Was riskiere ich dabei? Was verspreche ich mir davon?

»Kopfgebilde«

»Ich weiß es, und ich sage es:
Die Welt ist gar nicht schlecht.
Und eines schönes Tages
gibt mir die Welt noch recht.«
Frantz Wittkamp

Wir haben unsere Erfahrungen gemacht mit anderen Menschen. Wenn wir vor der Frage stehen: »Soll ich diesen Fremden ansprechen?«, dann tauchen allerhand Bedenken auf: »Wer weiß, mit wem ich es da zu tun bekomme« – »Die sieht aber komisch aus« – »Attraktive Männer sind immer Schürzenjäger« usw. Wenn wir genauer hinschauen, stellen wir fest, daß die meisten unserer Bedenken keineswegs auf realen Erfahrungen beruhen, sondern eher auf Vorurteilen. So ist das nun mal: Menschen, die sehr zurückgezogen leben, entwickeln Vorstellungen davon, wie andere wohl sind. Es ist, als würden die Strebungen, die uns eigentlich zu anderen Menschen hinführen sollen, an unserer Wohnungstür gebremst. Dort kehren sie um. Doch statt sich still zu verhalten, beginnt ihr Wirken in der Vorstellung. Vereinsamte, isolierte Menschen beschäftigen sich entweder mit sich selbst – und da muß es zu mancher Verzerrung der Selbstwahrnehmung kommen, wenn wir bedenken, daß jemand diese ganze Energie, die zur Bildung eines Beziehungsnetzes bereitsteht, auf sich selbst lenkt; man betrachtet sich sozusagen durch die Lupe, oder sie entwickeln um die kleinen, unvermeidlichen Begegnungen mit anderen herum ein dichtes Geflecht von Vorstellungen, was wohl hinter dem beobachteten Verhalten für ein Mensch steckt.

Ein Beispiel von Paul Watzlawick beschreibt dieses Geschehen sehr anschaulich:

»Ein Mann will ein Bild aufhängen. Den Nagel hat er, nicht aber den Hammer. Der Nachbar hat einen. Also beschließt unser Mann, hinüberzugehen und ihn auszuborgen. Doch da kommt ihm ein Zweifel: Was, wenn der Nachbar mir den Hammer nicht leihen will? Gestern schon grüßte er mich nur so flüchtig. Vielleicht war er in Eile. Aber vielleicht war die Eile nur vorgeschützt, und er hat etwas gegen mich. Und was? Ich habe ihm nichts getan; der bildet sich da etwas ein. Wenn jemand von mir ein Werkzeug borgen wollte, ich gäbe es ihm sofort. Und warum er nicht? Wie kann man einem Mitmenschen einen so einfachen Gefallen abschlagen? Leute wie dieser Kerl vergiften einem das Leben. Und dann bildet er sich noch ein, ich sei auf ihn angewiesen. Bloß weil er einen Hammer hat. Jetzt reicht's mir wirklich. – Und so stürmt er hinüber, läutet, der Nachbar öffnet, doch noch bevor er ›Guten Tag‹ sagen kann, schreit ihn unser Mann an: »Behalten Sie Ihren Hammer, Sie Rüpel!«

Welchen Sinn haben solche Gedanken, solche Vorstellungen? – Indem wir uns solche Geschichten ausdenken, versuchen wir ja gedanklich eine Situation vorwegzunehmen, um auf etwas Unangenehmes vorbereitet zu sein. Wir wollen uns vor seelischem Schmerz, vor Verletzungen und Unbehagen schützen. In der oben wiedergegebenen Geschichte wird deutlich, daß diese Vorstellungen ein Eigenleben entwickeln und zu Konsequenzen führen. Was glauben Sie, wie der Nachbar auf diese Annäherung reagiert? – Bestimmt nicht, indem er freundlich seinen Hammer ausleiht. Vermutlich wird er verblüfft bis verärgert sein. Das wäre dann ein Beweis für den vorsichtigen Hammerausleiher, daß der andere etwas gegen ihn hat.

Je weniger wir in direktem Kontakt mit anderen Menschen sind, desto vorsichtiger und empfindlicher werden wir. Da reicht dann schon ein schlechtgelauntes »Passen Sie doch auf«, wenn uns ein Mißgeschickt passiert, um uns zu kränken und uns in unser Schneckenhaus zurückzutreiben. Bei etwas mehr Übung im Umgang mit anderen Menschen würden Sie sich wahrscheinlich achselzuckend abwenden, vielleicht noch denken: »Was ist der denn für eine Laus über die Leber gelaufen?«, und die Sache wäre vergessen. So etwas würde Ihnen dann mit Sicherheit nicht den ganzen Tag verderben. Sicher, nicht jeder Mensch, dem wir einen freundlichen Blick schenken wollen oder dem wir ein Flirtangebot machen, ist jederzeit dazu aufgelegt, darauf einzugehen. Die Wahrscheinlichkeit, ob der andere freundlich oder abweisend reagiert, ist eins zu eins. Weshalb sollten wir aber immer davon ausgehen, daß wir abgelehnt werden? Darüber hinaus veranschaulicht die »Hammergeschichte«, daß unser Verhalten Einfluß nimmt auf die Reaktion des anderen.

Wir alle kennen diese glücklichen Geschöpfe, deren Charme niemand widerstehen zu können scheint. Wo sie auch hinkommen, wird es in ihrem Dunstkreis lebendiger. Es wird gescherzt und gelacht, und die Menschen scheinen sich wie magnetisch zu ihnen hingezogen zu fühlen. »Das sind eben Sonntagskinder«, denken Sie vielleicht. Sicherlich gibt es Menschen, denen ein heiteres und gewinnendes Wesen angeboren ist. Aber Charme läßt sich auch entwickeln. Was macht diese Menschen so anziehend? Bei genauerer Betrachtung sind sie nicht unbedingt mit großer Schönheit oder sonstigen hervorragenden Eigenschaften ausgestat-

tet. – Übrigens wirken sehr schöne Menschen häufig eher kühl und unerreichbar. – Man spricht bei den sonnigen Menschen von »Ausstrahlung«, die sich in einem wachen Blick, einer Zugewandtheit zum Mitmenschen, einem lokker sitzenden Lächeln äußert. Darin drückt sich eine Haltung der Freundlichkeit und des Wohlwollens sich selbst und der Welt gegenüber aus. Solche Menschen sind einverstanden mit sich selbst; sie sind sicher, daß sie liebenswerte Seiten haben, und sie haben Nachsicht mit ihren Schwächen und Fehlern. Sie glauben an sich. Sie vermitteln auch den anderen, daß diese, so wie sie sind, in Ordnung und sympathisch und es wert sind, näher kennengelernt zu werden.
Hier finden wir das Gegenteil einer mißtrauischen, Schlimmes befürchtenden Haltung. »Wie man in den Wald hineinruft, so schallt es heraus«, ist das Prinzip, das hier wirksam ist. Wenn Sie freundlich auf jemanden zugehen, machen Sie es ihm schwer, unfreundlich darauf zu antworten.
Wenn wir ehrlich sind, müssen wir zugeben, daß in uns allen aber auch solch ein Einsamer steckt, der mißtrauisch und neidisch auf die anderen schaut. Vielleicht ist es das einsame Kind in uns, das manchmal abseits von den Spielen der anderen stand.

Übung:
Nehmen Sie Ihr Notizbuch und entspannen Sie sich. Stellen Sie sich vor, Sie hätten in einem Winkel Ihrer Seele dieses einsame Kind. Richten Sie Ihre Aufmerksamkeit auf dieses traurige, zusammengekauerte Wesen. Wie sieht es aus? Wie alt ist es? Wie ist seine Körperhaltung? Versetzen Sie sich in seine Lage. Nähern Sie sich ihm behutsam. Sie wissen, es ist etwas verschreckt und deshalb ängstlich. Sprechen Sie es an, und fragen Sie, was es befürchtet, was ihm fehlt und was es sich wünscht. Lassen Sie es sich im Schreiben äußern.

Warum uns jemand ablehnt

Wir können nicht wissen, was in einem anderen Menschen gerade vorgeht. Das Risiko, nicht anzukommen mit unserem freundlichen Kontaktangebot, im Regen stehengelassen zu werden, einen Korb zu bekommen, läßt sich nicht völlig ausschließen. Es ist wohl für jeden unangenehm, wenn das, was er in bester Absicht anbietet, die kleine Streicheleinheit, zurückgewiesen wird. Die Frage ist nur, welche Schlüsse wir aus solch einer Erfahrung ziehen. Liegt es wirklich daran, daß das, was wir geben wollten, nichts wert ist? Oder ist die Zurückweisung tatsächlich ein Beweis dafür, daß wir als Person nichts taugen, nichts Anziehendes an uns haben oder sogar abschreckend wirken?

Wenn Sie im Zugabteil mit einem Mitreisenden ein kleines Gespräch anknüpfen, ist das ja zunächst nichts weiter als der unverbindliche Vorschlag, sich gemeinsam auf angenehme Weise die Zeit zu vertreiben. Der andere weiß nichts von Ihnen, außer dem, was er in diesem Augenblick wahrnehmen kann. Welche Bedeutung er Ihrer Annäherung gibt, liegt bei ihm. Auch was er von Ihnen denkt, ist seine Sache.

Ich habe einmal eine Liste der möglichen Gründe aufgestellt, warum jemand Ihr argloses Kontaktangebot, wo auch immer Sie es ihm machen, nicht annehmen könnte.

- Er ist sehr schüchtern.
- Sie fühlt sich grundsätzlich minderwertig, ist unsicher und fürchtet sich vor anderen Menschen.
- Er hat Angst zu enttäuschen, im Zwischenmenschlichen zu versagen, traut sich nicht, sich auf das Spiel des Augenblicks einzulassen.
- Er interessiert sich prinzipiell nur für Menschen, die ihm unerreichbar und unnahbar erscheinen.

- Sie ist blind für die freundliche Annäherung durch andere, weil sie glaubt, Kontakte kämen nur durch ihre Initiative zustande.
- Er weiß die kleinen, unerwarteten Freuden des Alltags nicht zu schätzen, für ihn zählt nur das Besondere, Großartige.
- Er ist ein Gefangener seiner Vorurteile, wirft nur einen Blick auf sein Gegenüber und glaubt daraufhin abschätzen zu können, ob sich der Kontakt lohnt oder nicht.
- Sie ist intensiv auf der Suche nach ihrem »Märchenprinzen«; und der soll unbedingt einsfünfundneunzig und blond sein. Sie sind aber einssechsundsiebzig und dunkelhaarig.
- Er setzt sehr große Erwartungen in Kontakte, hat Angst davor, enttäuscht zu werden, und vermeidet es deshalb lieber von vornherein, sich auf eine Plauderei einzulassen.
- Er wartet seit Jahren auf die große Liebe und meint, er dürfe sich nur auf einen Flirt einlassen, wenn ihn die Liebe auf den ersten Blick wie ein Naturereignis trifft.
- Sie trägt noch Reste jungmädchenhafter Scheu mit sich herum und nimmt an, wenn ein Mann sie anspricht, »will er doch nur das eine«.
- Er geht davon aus, daß jeder Flirt zwangsläufig zu Sex führen müsse, und ist gerade nicht in der Stimmung dazu.
- Sie sieht sich als eine Art Scarlett O'Hara und gefällt sich darin, Annäherungsversuche stolz abzuweisen.
- Er ist momentan nicht offen, weil er gerade erfahren hat, daß er durch eine Prüfung gefallen ist.
- Sie sorgt sich gerade um ihr krankes Kind.
- Sie fühlt sich im Augenblick überfordert, »alle wollen was von mir«.
- Er hat Zahnschmerzen oder kommt gerade vom Zahnarzt und ist noch etwas benommen von der Spritze.

- Er ist gerade von seiner Liebsten verlassen worden, zweifelt an sich und kann sich jetzt absolut nicht vorstellen, daß Sie ihn sympathisch finden.
- Sie hat sich gerade über ihren Mann geärgert.
- Sie will nur kokettieren; ihr reicht der begehrliche Blickkontakt als Hinweis, daß sie noch »Chancen« hat. – Übrigens gibt es auch männliche »Kokotten«.
- Er ist auf dem Weg zu einem Rendezvous und ist in Gedanken schon dort.
- Sie kommt gerade von einem Rendezvous, und das strahlende Lächeln ist ein Nachglanz des Erlebten und gilt leider nicht Ihnen.
- Er hat moralische Bedenken, meint, als verheirateter Mann dürfe man nicht flirten.
- Sie ist der Ansicht, als »anständige« Frau ließe man sich nicht in der Öffentlichkeit ansprechen.
- Er kann Ihre Signale nicht deuten, und sein träumerischer Blick beruht auf seiner Kurzsichtigkeit.
- Er ist ein Zyniker oder ein Mensch, der nur auf Kontakte eingeht, die ihm »etwas bringen«, etwa geschäftliche Vorteile oder Preisnachlässe. Und Sie sehen für ihn nicht so aus, als hätten Sie Verbindungen zu einem Möbeldesigner.
- Er ist ein Frauenhasser.
- Sie kann andere Frauen nicht leiden, meint, nur Männer könnten ihr etwas geben.
- Sie ist eine überzeugte Feministin und verabscheut Männer, die sie »von der Seite anquatschen«.
- Er ist extrem mißtrauisch, kann sich nicht vorstellen, daß Sie ohne geheime Absicht freundlich zu ihm sind.
- Sie leidet unter Verfolgungswahn.
- Er ist zerstreut, ist intensiv mit der Lösung eines wissenschaftlichen Problems beschäftigt.

- Er hat gerade erfahren, daß seine Aktien dramatisch gesunken sind.
- Sie ist sehr in Eile, ist aufgehalten worden und hetzt gerade zu einem Vorstellungstermin.
- Er ist gerade in ein intensives Selbstgespräch vertieft.
- Er ist schon auf den ersten Blick so sehr von Ihnen fasziniert, daß ihm die Sprache wegbleibt und er wie paralysiert unfähig zu jeder Reaktion ist.

Nehmen Sie es nicht persönlich

Unangenehme Erfahrungen sind unvermeidbar. Entscheidend ist, ob Sie sie sich zu Herzen nehmen und sich dadurch in Ihrem Kontaktverhalten entmutigen lassen oder ob es Ihnen gelingt, sie an sich abprallen zu lassen. Sie haben die Wahl, wie Sie mit einer Ablehnung fertig werden wollen, ob Sie sie zum Anlaß nehmen, sich in schier endlose Grübeleien darüber zu versenken, was Sie wohl wieder einmal »falsch« gemacht haben oder ob Sie sie als gute Gelegenheit betrachten, sich eine Einstellung anzueignen, die Ihnen generell hilft, besser mit Mißgeschicken zurechtzukommen. Damit wird Ihnen die Bewältigung der Zurückweisung zur Übungsaufgabe, und Sie können auch dieser Erfahrung etwas abgewinnen.
Vor allem nehmen Sie es nicht persönlich. An der vorausgegangenen Liste können Sie erkennen, daß die Gründe für abweisendes Verhalten sowohl in der grundsätzlichen Einstellung als auch in der momentanen Verfassung des anderen liegen können. Ihr Verhalten war nur der Auslöser für seine Reaktion. Und wenn Sie im Rahmen der Höflichkeit geblieben sind und nichts Böses im Schilde geführt haben, dann führt es auch nicht dazu, wenn der andere Ihnen

unterstellt, Sie hätten ein unzumutbares Ansinnen an ihn gestellt.

Martin Seligman, ein amerikanischer Sozialwissenschaftler, dessen Hauptgebiet die Motivationsforschung ist, betont, wie wichtig unsere Einstellung gegenüber unangenehmen Erfahrungen für unsere Lebensqualität ist. Seine Untersuchungsergebnisse zeigen, daß Menschen mit optimistischer Einstellung ein erfüllteres, angenehmeres und erfreulicheres Leben führen als Pessimisten. Am Umgang mit Mißgeschikken, Scheitern von Plänen scheiden sich die Geister. Derjenige, der etwas Unangenehmes als vorübergehend, nur auf diese bestimmte Situation bezogen und durch äußere Umstände bedingt betrachtet, wird schnell damit fertig und kann sich wieder Erfreulicherem zuwenden. Wem allerdings ein Mißerfolg, wie es eine Ablehnung ist, zu denken veranlaßt, »immer passiert mir so was. Ich bin eben ein Versager. Mit mir stimmt irgend etwas nicht«, der leidet stärker darunter und erholt sich auch langsamer davon.

Die Erklärungsmuster, nach denen wir unsere Erlebnisse einordnen, lassen sich verändern. Martin Seligman vertritt die Ansicht, daß man Optimismus lernen kann. Sich einmal zu überlegen, welche Gründe jemand für sein abweisendes Verhalten uns gegenüber haben könnte, die unabhängig von unserer Person sind, ist ein Schritt auf dem Weg zu einer optimistischeren Einstellung.

Mein 9jähriger Neffe Severin ist ein gutes Beispiel für eine solche Einstellung. Mit ihm unterwegs zu sein, ist für mich immer wieder ein unterhaltsames Erlebnis. Er ist wach und neugierig und an allem um ihn herum interessiert. Fast pausenlos teilt er mit, was er sieht, und stellt Fragen dazu. Er hat eine noch ganz unbefangene Art, auf Menschen zuzugehen. Zum Beispiel standen wir einmal auf einem S-Bahnsteig, und er fragte den Lokführer, der gerade aus dem Fenster der Lokomotive herausschaute, ob es ihm denn Spaß mache, den ganzen Tag in der Gegend herumzufahren. Der Eisenbahner war freundlich und wechselte mit ihm ein paar Worte. Die meisten Menschen sprechen auf seine arglose, sympathische Art an. Doch manchmal reagiert jemand auch nicht. Den läßt er dann links liegen und wendet sich dem nächsten Ereignis oder Menschen zu. Die Welt scheint für ihn voller interessanter Dinge und freundlicher Menschen zu sein, so daß die Mißmutigen, Hölzernen, die allzu Erwachsenen und auf Distanz Bedachten gar nicht ins Gewicht fallen.

Wo gerate ich da bloß rein?

Herr, die Not ist groß,
Die ich rief, die Geister,
Werd' ich nun nicht los.
J. W. Goethe, Faust

In den Flirtkursen höre ich oft von Frauen den Einwand, sie trauten sich nicht so recht zu flirten, sie könnten ja dabei in etwas hineinverwickelt werden, das sie nicht wollten.
Was könnte das sein? – Daß sie einem Heiratsschwindler aufsitzen oder sich rettungslos in einen mit allen Wassern gewaschenen Schürzenjäger verlieben? Daß sie überwältigt und verschleppt werden oder in Trance fallen, irgendwann aufwachen und mit einem Mann verheiratet sind, der ihnen nicht gefällt?
In diesem Einwand kommt ein Aspekt des Spielerischen zum Ausdruck, der uns zwar reizvoll erscheint, aber auch nicht ungefährlich ist. Wenn wir uns auf einen lebendigen Austausch einlassen, lassen wir seelische Bewegungen zu, die wir nicht voraussehen können. Wir können von uns selbst überrascht werden und von der Situation, die sich ent-

wickelt. Das Reizvolle am Flirt ist ja gerade die Brisanz, das Vibrieren eines Mehr an Möglichkeiten. Wir spüren einen Hauch von der Macht des Eros. Im Hin und Her des Spiels können wir den Punkt verpassen, wo aus dem Spiel »Ernst«, d. h. Wirklichkeit wird. Dann können Konsequenzen entstehen. Das Spiel mit dem Verlangen kann umschlagen in ein »Feuerfangen«, wir können uns wirklich verlieben, oder im Eifer des Gefechts wird der Wunsch plötzlich übermächtig, sich ganz dem Augenblick hinzugeben, sich hier und jetzt auf ein sexuelles Erlebnis einzulassen ohne Rücksicht auf unsere Verpflichtungen und Vorsätze.

Meistens sehen meine Kursteilnehmerinnen weniger bei sich die Gefahr, von den eigenen Wünschen fortgerissen zu werden. Sie befürchten eher, daß ihr Spielpartner aus dem Spiel ausbrechen könne und aus der Bereitwilligkeit, mit der sie sich auf den Flirt eingelassen haben, auf ein weitergehendes, handfestes Entgegenkommen schließen könne.

Aber ist es denn so, daß wir mit dem Eingehen auf einen Flirt gleichzeitig den Startschuß für eine Affäre gegeben haben? – Wenn der andere solche Schlußfolgerungen zieht, ist das seine Sache. Hier gilt nicht, daß, »wer A sagt, auch B sagen muß«. Wir haben jederzeit die Möglichkeit, wieder auf Distanz zu gehen, Grenzen zu setzen und klar zu sagen, »bis hierher und nicht weiter«.

Aus meiner Sicht entstehen unbeabsichtigte und Verwirrung stiftende Verwicklungen immer dann, wenn wir uns über uns selbst und unsere Wünsche nicht im klaren sind. Wer kennt sie nicht, diese Frauen und Männer, die starke erotische Signale aussenden, aufs Heftigste flirten und sich immer wieder darüber wundern und entsetzt sind, wenn sie sich plötzlich in ein unglückliches Liebesabenteuer verstrickt finden? In diesem Zusammenhang fällt mir eine junge Frau ein. Sie hatte es an ihrem Arbeitsplatz vorwiegend mit Männern jeden Alters zu tun. Ihre wohlproportionierte Figur präsentierte sie mit Vorliebe in hautengen Schlauchkleidern und superkurzen Miniröcken. Gelegentlich ließ sie auch einmal unter zu kurzen Oberteilen hauchdünne Spitzendessous hervorblitzen. Sie hatte offenbar keine Ahnung von ihrer Wünsche provozierenden Wirkung. Sie war nur immer wieder empört über die mehr oder weniger plumpen Annäherungsversuche, denen sie sich ausgesetzt sah. Deshalb hatte sie sich eine äußerst schroffe Abweisungstechnik angeeignet. Ohne es zu wissen, verhielt sie sich wie eine Art moderner Circe, die Männer anlockt, um sie dann zu Schweinen zu machen.

Sie konnte ihre Wünsche nach erotischer Bestätigung nicht akzeptieren und hatte sie nach dem Motto »was nicht sein darf, das nicht sein kann« aus ihren bewußten Gedanken verbannt. Aber über den für sie annehmbaren Wunsch, sich extravagant zu kleiden, brachten sich diese Wünsche doch zum Ausdruck.

Solche Unklarheiten in uns selbst können uns in peinliche Situationen bringen. Wenn wir den Wunsch nach dem Prikkeln und der Spannung einer erotisch aufgeladenen Begegnung verspüren, ihn aber als ungehörig und nicht in unser Bild von uns selbst passend abweisen, dann kann ein Flirt leicht ins Auge gehen. Er ist auch ein »Spiel mit dem Feuer«. Und wer sich mit seinen von sich verpönten Wünschen nicht auseinandersetzt, weiß oft nicht – oder will es nicht wahrhaben –, wie seine Wirkung auf andere Menschen ist. Er glaubt dann, den großen Verführungskünsten des anderen nicht standhalten zu können, wo er selbst verführend wirkt. Ohne sich dessen bewußt zu sein, wie eindeutig und fordernd die Signale sind, die er sendet, wird er dann ein »Opfer« seiner eigenen geheimen Wünsche.

Das liebevolle und nachsichtige Annehmen dieser Wünsche ist allerdings der beste Schutz gegen solche Erfahrungen. Erotische Phantasien und Sehnsüchte gehören zu unserem Seelenleben. Sie sind Anzeichen unseres noch nicht verwirklichten erotischen Potentials, einer uns belebenden Kraft. Wenn wir um diese Wünsche wissen und sie als gegeben und berechtigt akzeptieren, kann der Flirt eine ungefährliche Möglichkeit sein, sie in gezähmter Form an unserem Leben teilhaben zu lassen.

Aber wir sind, auch wenn wir einigermaßen Klarheit über uns haben, vor Überraschungen nicht sicher. Ehe wir uns versehen, hat sich aus dem harmlosen Flirt mit dem Mann, von dem wir annahmen, daß er für uns überhaupt nicht in Frage käme, eine tiefe Beziehung zu entwickeln begonnen. Der aus dem Ruder gelaufene Flirt kann sich im nachhinein als Wirkung eines Anteils in uns erweisen, der viel besser zu wissen scheint wer für uns gut ist als unser – manchmal bornierter – Kopf.

Körpersprache

Die Körpersprache sprechen und verstehen; die Vieldeutigkeit von Blicken entschlüsseln – wer würde dieses weite Feld nicht gern beherrschen?
Wir alle wissen, daß wir uns nicht nur mit Worten, sondern auch nonverbal ausdrücken, daß unser Körper immer mehr oder weniger deutlich »mitspricht«, wenn wir mit anderen in Kommunikation sind. Im allgemeinen sind wir uns dessen nicht sehr bewußt, es geschieht unwillkürlich. Gestik und Mimik, Gebärden- und Mienenspiel begleiten unsere Äußerungen. All das kann unsere Worte verdeutlichen, kann sie ergänzen, und manchmal sagt unser Körper auch etwas ganz anderes als das, was wir verbal äußern.
Manchmal spricht der Körper auch zu uns selbst. Er kann uns zum Beispiel durch die weitverbreiteten Schulter-Nacken-Verspannungen darauf aufmerksam machen, daß wir momentan unter großem seelischen Druck stehen, uns zuviel aufgeladen haben oder eine Aufgabe als eine zu große Last empfinden. Das »komische« Gefühl in der Magengegend kann uns darauf hinweisen, daß bei einer Unternehmung, die wir planen, irgend etwas nicht stimmt oder daß wir etwas Wichtiges nicht beachtet haben. Etwas kann uns »schwer im Magen liegen«, und »Schmetterlinge im Bauch« können uns anzeigen, daß wir in der Gegenwart eines aufregenden Menschen dabei sind, »den Boden unter den Füßen zu verlie-

ren«, uns »fallenlassen« und »dahinschmelzen« möchten in glücklichem Entzücken. Unser Herz kann vor Angst rasen oder in freudiger Erwartung bis zum Zerspringen klopfen. Wenn wir verliebt sind, kann der bloße Gedanke an »ihn« oder »sie« unser Blut in Wallung bringen, uns wird abwechselnd heiß und kalt, und unsere Hände werden feucht. Während wir in Gedanken unserer letzten Begegnung nachhängen, kann sich ein strahlendes Lächeln auf unserem Gesicht ausbreiten. Und wenn uns ein tiefer Kummer bedrückt, verschafft uns ein heftiges Weinen Erleichterung.

Unsere Sprache verfügt über eine Vielzahl solcher leibnahen Bilder, die auf den engen Zusammenhang zwischen seelischen Verfassungen, Gefühlen, Stimmungen und körperlichen Veränderungen hinweisen. Diese Bilder sind uns allen, vertraut und wir verstehen schnell, wie es einem anderen zumute ist, wenn er von einem »Kloß im Hals« spricht. Immer, wenn wir mit jemandem in Kontakt sind, nehmen wir eine Vielzahl von Informationen auf. Während wir den Hauptteil unserer Aufmerksamkeit auf das Gespräch lenken, zuhören, denken, Antwort geben, ist ein anderer Teil damit beschäftigt, die Art, wie unser Gegenüber spricht, wie sein Mienenspiel dabei ist, und seine Gestik wahrzunehmen. Auch die vielen kleinen, unbeabsichtigten Bewegungen, das Spielen mit dem Kugelschreiber, das Drehen einer Locke bringen etwas zum Ausdruck, das in uns vorgeht. Das Ganze unserer Wahrnehmungen ruft eine Wirkung in uns hervor, ebenso wie unsere Äußerungen im anderen etwas zu bewirken. In der Gegenwart des einen fühlen wir uns wohl und können uns immer mehr lockern und öffnen, während wir uns bei einem anderen zunehmend bedrückt und unbeholfen fühlen.

Wir spüren es, wenn jemand einen bestimmten Eindruck bei uns erwecken will, der aber mit seiner tatsächlichen

Befindlichkeit nicht übereinstimmt. Man kann von einer zweigleisigen Kommunikation sprechen, die zwischen den beiden Gesprächspartnern abläuft. Praktische Menschenkenntnis beruht auf der Berücksichtigung beider Informationswege.
Clemens hat sich vor einer Weile in Andrea Busch verliebt. Er ist sehr schüchtern und hat sich ihr deshalb nicht mitgeteilt, sondern gehofft, es würde sich irgendwie zwischen ihnen schon noch eine Beziehung entwickeln. Sie teilt seine Gefühle nicht, hat aber bemerkt, was mit ihm los ist. Um seine Gefühle nicht zu verletzen, hat sie sich von ihm zurückgezogen. Monate sind vergangen. Da entdeckt Clemens Andrea an einer Straßenbahnhaltestelle. Leise tritt er hinter sie und sagt: »Guten Tag, Frau Busch.« Sie dreht sich um und ist sofort unangenehm berührt. Er tritt die Flucht nach vorn an, sagt, sie habe ja ihr Äußeres verändert, ihm gehe es gut, er habe jetzt eine neue Arbeit. Mehr aus Höflichkeit als aus Interesse fragt sie, was er denn mache. Dabei schaut sie schon, ob die Bahn noch nicht in Sicht ist. Er merkt, daß sie eigentlich weg will, und redet wie ein Wasserfall, daß er jetzt Generalvertreter einer Versicherungsgesellschaft ist, kaum noch Zeit hat und 10 000 Mark im Monat verdient. Da kommt die Bahn, und Andrea verabschiedet sich hastig. Bei beiden hinterläßt diese Begegnung ein Unbehagen.
Was ist hier geschehen? Sicher ist es immer etwas peinlich, wenn zwei sich treffen, von denen der eine die Gefühle des anderen nicht erwidert, und wenn auch keine Möglichkeit besteht, eine freundschaftliche Ebene zu finden. Clemens ist nun enttäuscht und fragt sich, was er verkehrt gemacht hat. Er hatte sich gefreut, Andrea wiederzusehen, und sie reagierte so kühl und abweisend. Andrea fühlt sich peinlich berührt. Sie wollte nichts mit ihm zu tun haben und hat das auch durch ihre verhaltene Reaktion deutlich gemacht. Sie

hat einen deutlichen Widerspruch bemerkt zwischen seinen Worten und dem, was sie an seiner Haltung wahrgenommen hat. Nachdem sie nämlich von ihm angesprochen worden war, hatte sie sich ihm frontal zugewandt. Er hatte sich dagegen seitlich zu ihr gedreht, den Kopf sehr hoch erhoben und sie aus den Augenwinkeln angeschaut. Diese Haltung hatte sie als ängstlich und vorsichtig-distanziert erlebt. Seine Worte hatten demgegenüber Nähe herstellen wollen, indem er etwas von sich mitteilte. Mit dieser Flucht nach vorn hatte er seine Befangenheit überspielen wollen. Er gehört zu den eher introvertierten Menschen, die dazu neigen, das Unbehagen, das sie spüren, sich selbst zuzuschreiben, statt es als Hinweis für die Gesamtsituation zu nehmen. Diese starke Beschäftigung mit sich selbst beeinträchtigt den Kontakt zu anderen. Hätte Clemens auch in seinen Worten etwas mehr Distanz gewahrt, wäre die Begegnung für beide angenehmer gewesen. Denn dann hätte er nicht willentlich eine Nähe herzustellen versucht, die in dieser Situation nicht möglich war.
Es kommt immer mehr zum Ausdruck, als wir tatsächlich in Worte fassen. Es lohnt sich, ab und zu die Aufmerksamkeit etwas zu lockern und sie auf eine Art »Weitwinkelperspektive« einzustellen. Auf diese Weise wird es möglich, eine Situation zwischen zwei Menschen präziser zu erfassen.

Blickkontakt

Die meisten Menschen in unserem Kulturkreis sind »Augenmenschen«, d. h., sie nehmen Informationen vorwiegend optisch über das Sehen war. Nicht ohne Grund ist für uns die »Verpackung« von Menschen und Dingen so wichtig. Würde zum Beispiel unsere Freude am Parfümkauf nicht

geschmälert, wenn es plötzlich nur einheitlich schlicht geformte, braune Flaschen dafür gäbe?
Es ist üblich und empfehlenswert, zunächst »ein Auge auf jemanden zu werfen«, bevor man sich ihm nähert. Nach einem Blick – oder mehreren – entscheiden wir, ob wir zu jemandem Kontakt aufnehmen oder es lieber sein lassen. Aber der Blick empfängt nicht nur Eindrücke, sondern Blicke können auch sehr vieles ausdrücken. Folgende Aufstellung gibt einen kleinen Über-Blick:

ein vielversprechender Blick
ein wohlwollender Blick
ein warmer, gütiger Blick
ein skeptischer Blick
ein mißtrauischer Blick
ein feindseliger Blick
ein freimütiger Blick
ein offener Blick
ein funkelnder Blick
ein blitzender Blick
ein strahlender Blick
ein entwaffnender Blick
ein saugender Blick
ein tiefer Blick
ein sehnsuchtsvoller Blick
ein träumerischer Blick
ein vielsagender Blick
ein musternder Blick
ein hypnotisierender Blick
ein ausweichender Blick
ein besitzergreifender Blick
ein zudringlicher Blick
ein schweifender Blick
ein entlarvender Blick
ein durchdringender Blick
ein stechender Blick
ein einladender Blick
ein abweisender Blick
ein kühler Blick
ein direkter Blick
ein indirekter Blick
ein kritischer Blick
ein vernichtender Blick
ein begehrlicher Blick

Mit Blicken können wir einen Menschen auf uns aufmerksam machen, ihn zu uns hinziehen; wir können aber auch unsere Verachtung durch einen Blick äußern und den anderen damit auf Distanz halten.
In den 60er Jahren ergaben die Untersuchungen des Amerikaners E. H. Hess und seiner Mitarbeiter, daß sich regelmäßig die Pupillen seiner Versuchspersonen vergrößerten, wenn ihnen Fotos von Vertretern des anderen Geschlechts gezeigt

wurden. Er schloß daraus, daß die Erweiterung der Pupille ein sicheres Zeichen für ein sexuelles Interesse am anderen sei. Neuere Untersuchungen zeigen allerdings, daß die Pupillendilatation auf komplexe kognitive Aktivität, primäres Interesse und Aufmerksamkeit für Außenreize hinweist. Ob Ihr Gegenüber ein heftiges Interesse an Ihnen hat oder gerade mit der Lösung eines schwierigen Problems beschäftigt ist oder von etwas hinter Ihnen fasziniert ist, bedarf also der Überprüfung.

Ob es die Liebe auf den ersten Blick tatsächlich gibt oder ob es eine bildhafte Umschreibung dafür ist, daß man sich relativ rasch verliebte, ohne den anderen näher zu kennen, sei dahingestellt. Daß Blicke aber sehr wirksam sind und zwischen zwei Menschen eine starke Verbindung herstellen können, hat wohl jeder schon einmal erlebt. Es muß sich nicht um einen »bösen Blick« handeln, wenn wir unseren Blick abwenden. Im Vorfeld eines erotischen Flirts lassen wir unsere Blicke nur einen Sekundenbruchteil länger als üblich auf dem Erwählten ruhen. Wenn sich unsere Blicke immer wieder suchen und finden, ist das in seiner Zwangsläufigkeit ein ziemlich sicheres Zeichen für ein gegenseitiges Interesse. Ein Anstarren dagegen wirkt eher abschreckend.

Wenn wir an jemandem ein aufrichtiges Interesse haben, dann zeigen wir unsere Aufmerksamkeit auch dadurch, daß wir ihn während eines Gesprächs die meiste Zeit anschauen, immer wieder den Blickkontakt herstellen. Nur Verliebte können sich schier unbegrenzt in den Blick des anderen versenken.

Psychoanalytiker weisen darauf hin, wie wichtig der »Glanz im Auge der Mutter« für die Entwicklung eines gesunden Selbstwertgefühls beim Kleinkind ist. Der strahlende Blick, mit dem uns unser Liebespartner begrüßt, erinnert uns daran.

Gebärdenspiel

Einen Menschen kennenzulernen braucht Zeit, erfordert ein aufrichtiges Interesse und wache Aufmerksamkeit. In meinen Flirtkursen wird öfter der Wunsch nach Tips zum Entschlüsseln der Körpersprache geäußert. Dahinter steht die Vorstellung, man könne einen Menschen auf den ersten Blick »durchschauen«, wenn man nur wüßte, worauf man achten muß. Aber anders als die Tiere sind wir Menschen nicht durch Instinkte auf eindeutige Verhaltensmuster festgelegt. Unser Verhalten, auch die unwillkürlichen Bewegungen, ist durch viele Faktoren bedingt: durch unsere Erfahrungen, unsere Wesensart, unsere Herkunft, unsere momentane Verfassung. Das, was wir an körperlichen Äußerungen beobachten, müssen wir auch stets im Kontext der Gesamtsituation sehen. Deshalb können wir nicht schematisch von einem beobachteten Verhalten auf seine Bedeutung schließen.

Ob wir uns dem Raum um uns herum öffnen oder uns in uns selbst verschließen, zeigt sich an unserer Körperhaltung. Vor der Brust verschränkte Arme und umeinander geschlungene Beine beim Sitzen, dazu noch ein gesenkter Kopf und nach vorn hängende Schultern, vermitteln uns das Bild eines zusammengekauerten Menschen, der sich von seiner Umgebung abschließt. Wir wissen aber nicht, was wirklich in ihm vorgeht, ob er sich ängstlich und unsicher fühlt oder aus nachvollziehbaren Gründen traurig ist und deshalb lieber für sich sein will. Eine Öffnung gegenüber der gegenwärtigen Situation zeigt sich dementsprechend in einer offenen Haltung. Es gibt aber keine einfache Eins-zu-eins-Zuordnung von Körperausdruck und dem zugrundeliegenden Motiv dafür.

Wenn zum Beispiel eine junge Frau bei einer Party mit vor

der Brust verschränkten Ärmen in einer Ecke sitzt, kann das bedeuten: »Laßt mich bloß in Ruhe«, es kann aber auch ein Zeichen dafür sein, daß ihr kalt ist; ebensogut kann es ein Ausdruck von ängstlicher Befangenheit sein und als Hinweis verstanden werden »bitte befreit mich aus dieser beengenden Situation, holt mich in euren Kreis«.

Eine Möglichkeit, das beobachtete, scheinbar nebensächliche Verhalten zu verstehen, ist, es in die Kommunikation mit einzubeziehen.

Inga und Klaus haben sich am Vorabend in einer Kneipe kennengelernt. Beide waren mit ihren Freunden dort. In aufgelockerter Stimmung haben sie ein paar Worte gewechselt, sich gegenseitig sympathisch gefunden und sich für heute abend auf ein Bier verabredet. Jetzt sitzen sie in dem ruhigen Bistro. Nachdem sie sich ein wenig unterhalten haben, ist eine Gesprächspause eingetreten. Klaus sitzt da mit unbewegter Miene und schaut auf sein Glas. Inga fragt sich, ob er einfach nur ein »Stiller« ist oder ob sein Interesse an ihr schon erlahmt ist. Sie würde ihn gern etwas näher kennenlernen. Da fällt ihr eine Beobachtung ein: Während sie vorhin über Belanglosigkeiten sprachen, hatte Klaus ganz langsam sein Glas immer dichter an ihres herangeschoben. Hieß das, daß er ihr gern näherkommen würde? Vielleicht sollte sie ihm eine kleine Hilfestellung geben. Sie sagt: »Es ist ja eine nicht ganz einfache Situation. Wir haben uns gestern abend nur flüchtig kennengelernt, und jetzt sitzen wir hier zusammen und sind uns eigentlich noch ganz fremd.« Damit ist die Hürde genommen, und Klaus stellt ihr jetzt ein paar persönliche Fragen. Es war Klaus sicher nicht bewußt, daß sich im Spiel mit dem Glas sein Wunsch wie auf einer kleinen Bühne darstellte. Wir alle führen gelegentlich solche scheinbar sinnlosen, unnützen Bewegungen mit Gegenständen aus. Sie scheinen keinen Sinn zu haben, weil sie ohne unsere Ab-

Café
Ba
HOTEL
Disc

sicht geschehen. Es ist aufschlußreich und amüsant, sich ab und zu daraufhin einmal selbst zu beobachten. Dieses Etwas in uns, das sich in unseren Ausdruck schmuggelt, verfügt über einen großen Erfindungsreichtum und ist oft von einer verblüffenden Einfachheit und Direktheit.

Als ich einmal in eine berufliche Auseinandersetzung mit einem Kollegen verwickelt war, fiel ihm auf, daß ich schon eine ganze Weile aus Pralinenpapier kleine Schiffchen faltete und vor mich auf den Tisch gestellt hatte. Er fragte, ob das eine Kriegsflotte sein solle. Ich konterte: »Das ist eine Handelsflotte.«

Auch offensichtlich absichtlich ausgeführte Handlungen können, je nach dem, wie das geschieht, noch etwas anderes ausdrücken. Wenn Frauen sich in der Öffentlichkeit die Lippen nachziehen, kann das, zum Beispiel in Verbindung mit einem koketten Blick auf den Gesprächs- oder Blickpartner, sehr deutlich sagen: »Schau her. Du hast es hier mit einer Frau zu tun.«

Sympathie kann sich in einer Parallelisierung von Gebärden und Körperhaltungen zum Ausdruck bringen. Auch hier sind wir vor Überraschungen bei uns selbst nicht sicher. Während unsere Worte noch kühl-distanziert und sachlich erscheinen, kann sich unterschwellig schon eine Annäherung ergeben haben, und wir sind bereits aufeinander eingestimmt. Plötzlich bemerken wir, daß wir gleichzeitig mit unserem Gegenüber zum Glas greifen und synchron ein Bein über das andere schlagen.

Zuneigung kann sich in einer dem anderen zugewandten Körperhaltung äußern. Wir reichen dem anderen sozusagen unser geneigtes Ohr. Damit verringern wir den räumlichen Abstand zwischen uns. Wir alle haben ein Gespür dafür, wieviel Raum zwischen uns und anderen Menschen angemessen ist. Wie nahe wir jemanden an uns heranlassen, ist

eine Frage des Verhältnisses, in dem wir zueinanderstehen oder stehen wollen.
In den Bereich der intimen Distanz, der vom direkten Körperkontakt bis ungefähr 60 cm reicht, lassen wir nur die uns Nahestehenden hinein. Dringt ein Fremder in diese Zone ein, werden wir unruhig und fühlen uns unbehaglich. Wir werden dann mit Sicherheit einen Schritt zurückweichen. In Situationen, wo wir gezwungen sind, dicht an dicht mit Fremden zu stehen, wie etwa im Fahrstuhl oder in der überfüllten Straßenbahn, machen wir uns steif und vermeiden Blickkontakte. Wir signalisieren damit: »Wir stehen zwar so eng beieinander, aber ich sehe dich nicht.« Die Zone der persönlichen Distanz umfaßt den Raum von 60 cm bis ca. 160 cm. Man hat sie als »Cocktailpartyzone« bezeichnet. Hier begegnen wir Bekannten und entfernten Freunden.
Die gesellschaftliche Distanz liegt im Bereich von 160 cm bis 200 cm. Diesen Abstand halten wir zu anderen, wenn wir unpersönliche Angelegenheiten erledigen, wie etwa beim Einkaufen, in der Bank, bei Behörden. Ein Chef kann seine Mitarbeiter durch einen breiten Schreibtisch auf Distanz halten und damit deutlich machen, daß er keine persönlichen Beziehungen wünscht. Die öffentliche Distanz schließlich beginnt bei 4 Metern. Sie rückt den einzelnen aus einer Gruppe heraus. Der Lehrer vor der Klasse oder der Vortragende vor seinem Publikum wahrt diese Distanz.
Ich unterhalte mich gern mit Freunden und Bekannten darüber, wie sie ihren Partner kennengelernt haben. Ein italienischer Bekannter erzählte mir, er sei seiner Frau zum ersten Mal im Kreis von Freunden begegnet. Sie habe ihm sofort gefallen, aber zunächst habe er keine Anzeichen für ein Interesse ihrerseits entdecken können. Er habe dann gelegentlich und wie zufällig unter dem Tisch ihr Knie mit seinem berührt. Als sie daraufhin nicht von ihm wegrückte,

habe er ihr seine Telefonnummer zugesteckt. In seiner Heimat sei es nämlich ein untrügliches Zeichen der Ermutigung, wenn eine Frau solche scheinbar absichtslosen Berührungen von einem Mann dulde.
Ob es sich dabei um eine in der Kultur Italiens fest verankerte Sitte handelt oder um eine persönliche Erfahrung meines Bekannten, konnte ich nicht überprüfen. Aber wir können wohl seine Schlußfolgerung nachvollziehen.
Es gibt verschiedene Möglichkeiten, die eigene Menschenkenntnis zu erweitern. Die eine, schon erwähnte, ist die, bei sich selbst auf die kleinen, unwillkürlichen Bewegungen zu achten. Eine andere Möglichkeit ist es, uns einmal tatsächlich in einen anderen Menschen einzufühlen, wenn wir einmal nachahmend seine Geste ausführen oder seine Körperhaltung einnehmen. Was empfinden Sie dabei, wenn Sie Ihren Kopf zwischen die Schultern ziehen? Wie spüren Sie Ihr Verhältnis zur Umwelt, wenn Sie den Kopf in den Nacken legen und zwischen halbgeschlossenen Lidern von oben auf sie herabschauen?

Übung:
Achten Sie einmal in Filmen und beim Fernsehen darauf, wie Menschen sich körperlich äußern. Wie ist die Körperhaltung? Was machen sie mit ihren Händen und Beinen? Wie ist die Neigung des Kopfes? Was drückt sich auf dem Gesicht aus? Paßt die Körpersprache zum gesprochenen Wort?

Anziehungskraft

Obwohl in jeder Kultur, in jedem Zeitalter ein bestimmtes, allgemein anerkanntes Schönheitsideal vorherrscht, gibt es doch große Unterschiede im Hinblick darauf, was der einzelne unter »Attraktivität« versteht.
Ein ausgesprochen schöner Mensch fällt auf, und wir schauen ihn gern an. Auch Erfolg, Macht, Ruhm und Geld scheinen auf den ersten Blick Attribute zu sein, die einen begehrenswert und anziehend machen, die Attraktivität verleihen. Das Außergewöhnliche zieht unsere Aufmerksamkeit auf sich und kann Phantasien in uns wecken – »wie es wohl wäre, mit diesem berühmten Mann, mit dieser erfolgreichen Frau befreundet zu sein«, »es müßte toll sein, mit solch einer Schönheit einmal auszugehen« –, aber es reizt uns nicht, diesen Menschen tatsächlich näherzukommen. Wir neigen nämlich dazu, dem Außergewöhnlichen in jeder Hinsicht Vollkommenheit zuzuschreiben. – In der Sozialpsychologie spricht man vom »Hallo-Effekt«. – Dann vermuten wir, daß zum Beispiel der Nobelpreisträger nicht nur ein hervorragender Wissenschaftler ist, sondern auch ein besonders liebevoller, gütiger und weiser Mensch. Welche hohen Ansprüche wird er seinerseits an die Menschen in seinem Umkreis stellen? Und so ruft die Bewunderung des Außergewöhnlichen zugleich heftige Zweifel in uns hervor, ob wir ihm gerecht werden könnten. Persönlichen Kontakt suchen

wir lieber zu den Menschen, die uns ebenbürtig erscheinen. Zu wem wir uns hingezogen fühlen, hängt davon ab, wie wir uns selbst sehen.

Aber es gibt auch Menschen, die von vielen als attraktiv erlebt werden. Häufig entspricht weder ihr Aussehen der gängigen Schönheitsnorm noch sind sie mit Ruhm, Macht oder Geld ausgestattet. Es sind Menschen, die eine gewisse Integrität vermitteln. Alle ihre Äußerungen – ihr Aussehen, wie sie sich kleiden, die Art, wie sie reden und dabei gestikulieren, wie sie handeln und urteilen, wie sie mit anderen umgehen – sind geprägt von ihrer »persönlichen Note«, ihrem Stil. Es sind diejenigen, die nicht auf ein gerade vielbewundertes Leinwandidol zurechtgetrimmt sind. Sie kleiden sich auf eine Art, die zu ihnen paßt, und nicht, wie die Mode es diktiert. Sie verhalten sich weder zwanghaft so, wie andere es erwarten, noch demonstrieren sie durch provokatives und aufmerksamkeitserregendes Gehabe ihre Individualität. Sie sind sie selbst und müssen das nicht durch unangepaßtes Verhalten unter Beweis stellen. Sie achten sich selbst und sind nicht abhängig von einer permanenten Beachtung durch andere, um zu wissen, daß sie »wer« sind. Sie ruhen in sich, urteilen und handeln aus ihrer Mitte heraus, ohne sich deshalb für den Nabel der Welt zu halten.

Der Kontakt mit einem solchen Menschen ist wohltuend und bereichernd. Weil er sich selbst achtet, bringt er auch der Eigenart des anderen Achtung entgegen. Er wird seine Fähigkeiten nicht übermäßig herausstreichen, um anderen seine Überlegenheit zu zeigen, sondern er wird seine Talente in den Dienst einer Sache stellen, die vielen zugute kommt.

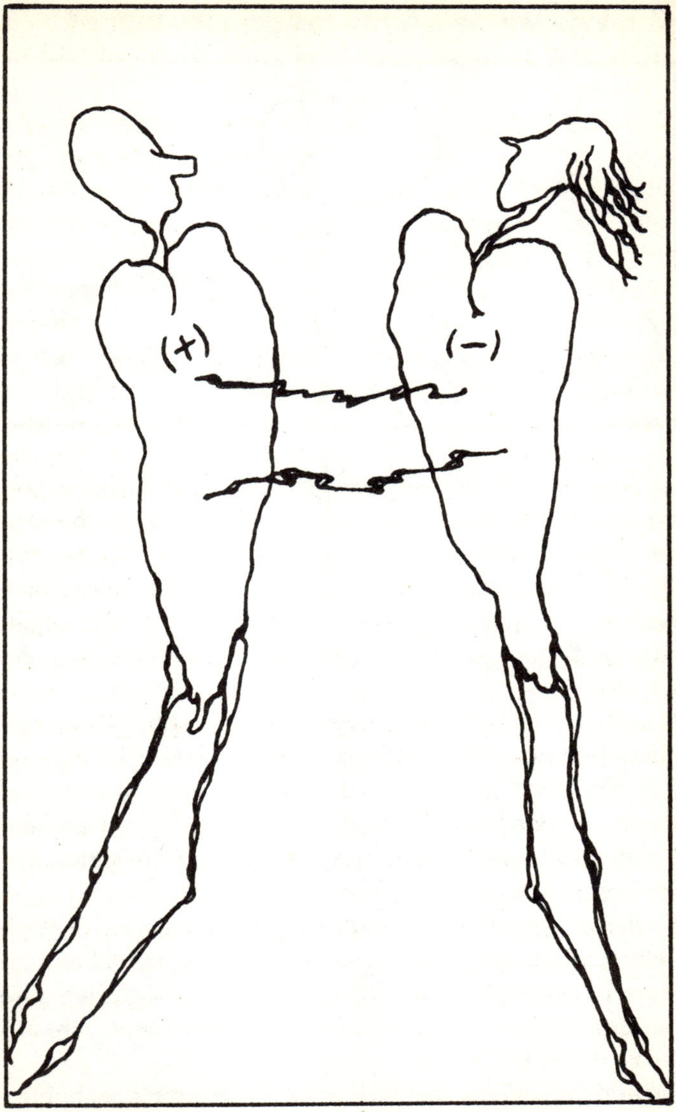

Wie werde ich für andere anziehend?

Anziehungskraft ist etwas, das sich nicht willentlich, absichtlich herstellen läßt. Ebensowenig wie wir aktiv jemanden von unserer Attraktivität überzeugen können, können wir sie uns durch gezielte Maßnahmen zulegen. Sie ist eine Kraft, die indirekt auf andere wirkt. Wir können nur günstige Bedingungen dafür schaffen, damit sie sich in uns entwickelt.

Natürlich können Sie mit kluger Überlegung und Fleiß versuchen, berühmt, reich und mächtig zu werden. Sie können Ihre Nase und sonstige Körperteile operieren lassen. Und wenn Sie der Meinung sind, Sie hätten als Frau größere Chancen, geliebt zu werden, als als Mann, können Sie sogar Ihr Geschlecht umwandeln lassen.

Vielleicht gewinnen Sie dadurch an Attraktivität, nämlich wenn diese Unternehmungen Ihren Mut zu sich selber stärken – vielleicht aber auch nicht, weil Sie sich möglicherweise bei der Jagd nach Äußerlichkeiten immer mehr von sich selbst entfernen.

Ein anderer, unauffälligerer, aber nicht leichter zu gehender

Weg, auf dem sich die Anziehungskraft steigern läßt, ist der Weg zu uns selbst. Je besser wir uns selbst kennen und uns als dieser besondere Mensch, mit all seinen Ecken und Kanten und Ungereimtheiten, akzeptieren, desto überzeugender wird unsere Wirkung auf andere sein. Wenn Sie gelassen zu sich selbst stehen, müssen Sie sich im Umgang mit anderen nicht krampfhaft darum bemühen, einen bestimmten, Ihnen erfolgversprechend erscheinenden Eindruck zu erwecken und gleichzeitig versuchen, die von Ihnen als wenig ansprechend betrachteten Seiten zu verbergen. – Wölfe im Schafspelz und Schafe im Wolfsfell rufen doch immer beim anderen zwiespältige Empfindungen und Vorbehalte hervor.

Werden Sie ein »Wertschätzer«, und fangen Sie sich selbst gegenüber damit an. Es ist leichter, einen Blick auf die eigenen Unvollkommenheiten und Schwächen zu wagen, wenn wir das vom sicheren Boden eines guten Selbstwertgefühls aus tun. Was auch immer Sie an sich auszusetzen haben mögen, Sie sind in Ordnung, so wie Sie sind. Jeder ist es wert, geliebt zu werden, unabhängig davon, was er kann oder nicht kann. Häufig vermeiden es Menschen, ihre Schattenseiten kennenzulernen, weil sie befürchten, angesichts der dort vermuteten Mängel bliebe nichts Gutes mehr von ihnen übrig. Wir sind jedoch nicht nur gut, und nicht alle Schwächen lassen sich ausgleichen oder in Tugenden ummünzen. Mit mancher Unvollkommenheit müssen wir uns abfinden. Merkwürdigerweise scheint es notwendig zu sein, die eigenen Kehrseiten zunächst einmal als gegeben hinzunehmen, bevor wir uns unserer Fähigkeiten und starken Seiten wirklich bewußt werden können. Erfahrungsgemäß kommen uns die bloß erahnten Fehler größer vor, als sie es tatsächlich sind. Und wenn wir nicht genau hinschauen, machen sie sich als nagende Selbstzweifel bemerkbar, so

daß wir uns auch unserer starken Seiten nicht ganz sicher sein können.

Übung:
Am Anfang habe ich Ihnen empfohlen, einmal ein paar Seiten darüber zu schreiben, wer Sie sind. Jetzt möchte ich Ihnen diese Aufgabe nochmals in etwas abgewandelter Form stellen. Nehmen Sie sich wieder eine ruhige Stunde dafür. Schreiben Sie einmal unter der Überschrift: »Ich bin eine schreckliche Person« alles auf, was Ihnen an Mangelhaftem bei sich einfällt. Danach fangen Sie in Ihrem Notizbuch eine neue Seite an und schreiben alles auf, was Ihnen zu der Überschrift: »Ich bin eine erstaunliche Person« einfällt. Bemühen Sie sich bitte um eine wertfreie Darstellung.
Sind Sie überkritisch und können kein gutes Haar an sich lassen? Oder überwiegen Ihre bemerkenswerten Seiten? Was auch immer Sie gefunden haben mögen, es entscheidet nicht über Ihren Wert als Mensch, sondern spiegelt Ihnen, aus welchem Blickwinkel heraus Sie sich heute betrachten.
Ein einigermaßen realistischer Blick auf sich selbst ermög-

licht auch eine realistische Wahrnehmung anderer. Und wenn Sie erkennen, daß andere Menschen genau wie Sie viele Seiten haben, können Sie auch Ihr allzu kritisches Urteil über sich selbst relativieren. Sammeln Sie Erfahrungen, lernen Sie andere Menschen kennen. Sie werden staunen: Sie sind nicht der Packesel, für den Sie sich manchmal gehalten haben, sondern eine Frucht, die es verdient, genossen zu werden.

Hier einige Empfehlungen, wie Sie ein anziehender Gesprächspartner werden können:

- Gehen Sie behutsam vor, lassen Sie die Gesprächssituation sich langsam entfalten.
- Interessieren Sie sich für den anderen und zeigen Sie das auch.
- Suchen Sie nach Themen, die Sie beide interessieren. Sobald Sie sich zu langweilen beginnen oder beim anderen dafür Anzeichen entdecken, sind Sie auf dem falschen Dampfer.
- Hören Sie aufmerksam zu und stellen Sie Fragen. Niemand kennt sich in allen Bereichen aus. Wenn Sie fragen, geben Sie dem anderen die Möglichkeit, Sie an seiner Wirklichkeit teilhaben zu lassen. So können Sie etwas Neues erfahren und laufen nicht Gefahr, sich mit einer »dummen« Bemerkung zu blamieren.
- Geben Sie etwas von sich preis. Nennen Sie Ihren Namen und fragen Sie Ihr Gegenüber nach seinem. Teilen Sie ihm mit über sich das, was Ihnen in dieser Situation als angemessen erscheint.
- Lassen Sie Raum entstehen zwischen sich und dem anderen, in dem Sie sich so zeigen können, wie Sie beide sind.
- Werden Sie ein guter »Streichler«. Geben Sie dem anderen angemessene Streicheleinheiten. Sagen Sie, was Ih-

nen gefällt an Ihrem Gegenüber. Übertreiben Sie nicht. Geben Sie dem anderen Bestätigung, indem Sie auch kleine Dinge wertschätzen.
- Lassen Sie sich streicheln. Betrachten Sie Beachtung, Aufmerksamkeit, Interesse als Geschenke des anderen und nicht als etwas, das man Ihnen schuldet. Weisen Sie Komplimente nicht zurück – außer, Sie haben das Gefühl, es wird allzu dick aufgetragen dabei.
- Geizen Sie nicht mit sich. Schenken Sie dem Menschen, mit dem Sie gerade zusammen sind, Ihre volle Aufmerksamkeit.
- Lachen Sie miteinander.
- Schauen Sie auf das Positive in jedem Augenblick.

Lösen Sie sich von der Vorstellung, es gäbe bessere und schlechtere, besonders wertvolle und minderwertige Menschen. Die Menschen sind verschieden, und es gibt solche, mit denen Sie vieles verbindet und solche, mit denen Sie nur sehr wenig Gemeinsamkeiten haben. Sie müssen nicht jeden lieben, und Sie brauchen auch nicht die Liebe von jedermann.

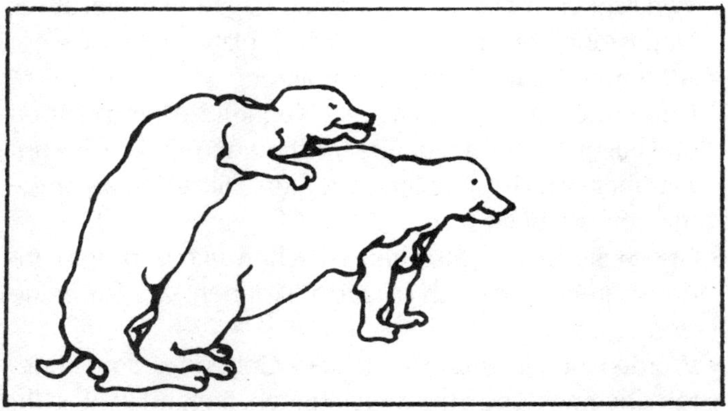

Wie wirke ich auf andere?

Wissen Sie eigentlich, wie Ihre Freunde Sie sehen? Was sie an Ihnen besonders schätzen und was sie nicht mögen?

Wir alle wissen einiges über uns selbst; manches davon zeigen wir anderen freimütig, anderes behalten wir lieber für uns. Einigen Aspekten unserer Person gegenüber haben wir einen »blinden Fleck«, wir wissen nichts davon, aber andere können es an uns bemerken. Wieder andere Aspekte von uns sind noch nicht zum Zuge gekommen, sie schlummern noch in einem Bereich, den wir als das Unbewußte bezeichnen können. Wir können uns diese verschiedenen Bereiche in einem Modell verdeutlichen, das Joe Luft und Harry Ingham entworfen haben (siehe nächste Seite).

Alle vier Bereiche wirken sich in unseren zwischenmenschlichen Beziehungen aus. Das Modell kann man als ein Fenster mit vier Flügeln betrachten, in denen jeweils ein Bereich untergebracht ist.

A, der Bereich der öffentlichen Person, umfaßt die Anteile in uns, die uns selbst bekannt sind, worüber wir ohne weiteres sprechen, was wir von uns sehen lassen. Dazu gehören unsere Aktivitäten, Einstellungen und Interessen.

Zu B, dem Bereich des blinden Flecks, gehören die Seiten, die sich ohne unser Wissen zum Ausdruck bringen, die andere aber wahrnehmen können: Gewohnheiten, stereotype Verhaltensweisen, Normen und Zwänge. Das kann zum Beispiel die Angewohnheit sein, sich in kritischen Situationen stets am Ohrläppchen zu zupfen, oder die Neigung, sich nur sehr verhalten über sich selbst zu äußern.

Im Flügel C, dem Bereich der privaten Person, finden sich die Dinge, die wir nicht gern mitteilen: geheime Gedanken, Wünsche, Phantasien, Vorlieben, Abneigungen, Ängste.

A Bereich der öffentlichen Person	**B** Bereich des blinden Flecks
C Bereich der privaten Person	**D** Bereich des Unbewußten

D, der Bereich des Unbewußten, ist der Bereich, der uns unbekannt ist.
Diese Bereiche sind nicht alle gleich groß, wie es in Abbildung 1 dargestellt ist, sondern ihr Verhältnis untereinander unterscheidet sich bei verschiedenen Menschen und in verschiedenen Situationen.
Wenn wir in einer uns fremden Gesellschaft sind, wird der Bereich A zunächst noch relativ klein sein. Wir zeigen erst einmal nur wenig von uns. Wenn wir dort »wärmer« werden, wird er sich nach C hin weiter ausdehnen (Abb. 2). Wir geben mehr von uns preis. Um uns selbst nun besser kennenzulernen, wäre es sinnvoll, den Bereich A nach B hin,

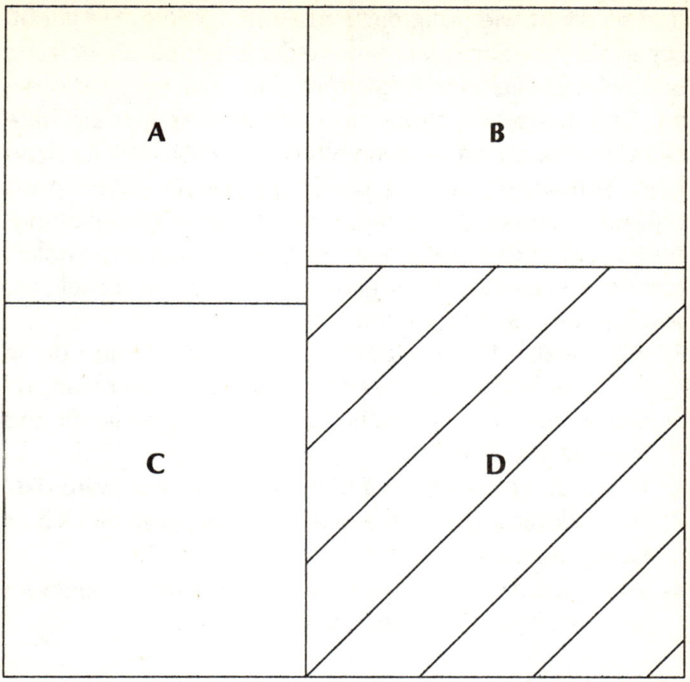

dem Bereich des blinden Flecks, zu erweitern. Wir haben die Möglichkeit, andere zu fragen, was sie an uns beobachten und was sie von uns denken.
Folgende Übung kann dabei von Nutzen sein.

Übung:
Verabreden Sie mit einer guten Freundin, einem guten Freund oder einem anderen Ihnen nahestehenden Menschen ein ruhiges Treffen. Wählen Sie jemanden, von dem Sie ganz sicher sind, daß er Ihnen wohlgesonnen ist und mit dem Sie zur Zeit in keiner Hinsicht in Konkurrenz stehen. Bitten Sie den Betreffenden, sich so aufrichtig wie möglich

und so direkt wie nötig dazu zu äußern, wie er Sie erlebt. Legen Sie ihm eine oder mehrere der folgenden Fragen vor, und nehmen Sie seine Antworten einfach als Informationen an. Diskutieren Sie dabei nicht mit ihm. Fragen Sie bitte nicht: »Wie kommst du denn bloß darauf? Was fällt dir denn ein?«, sondern stellen Sie nur Fragen, wenn Ihnen etwas unklar ist. Denken Sie daran, er hat seinen eigenen Standpunkt und dementsprechend seinen eigenen Blickwinkel, aus dem er Sie sieht. Es geht nicht um Schmeicheleien, sondern um Informationen.

1) Was schätzt du besonders an mir, und was kannst du an mir nicht leiden? Überlege dir fünf Dinge, die du an mir magst, und zwei, die du nicht magst. Notiere sie dir und sage sie mir dann.
2) Wenn du etwas an mir ändern könntest, was wäre das?
3) Was fällt dir an mir auf, wovon du annimmst, daß ich es nicht von mir weiß?
4) Wenn ich dich um einen Rat bäte, was ich an meinem Lebensstil ändern sollte, was wäre das?

Anregung durch andere

»Alles kommt von anderen zu uns ...
Sein heißt jemandem zu gehören.«
Jean-Paul Sartre

Wir sind auf andere Menschen angewiesen. Niemand schöpft alles aus sich selbst heraus. Auch der hervorragende Denker, die begabte Künstlerin, der Forscher – alle werden durch andere Menschen, ihre Ideen und ihr Geschaffenes zu eigenen Taten angeregt. Wir haben alle unsere eigenen Talente, besonderen Fähigkeiten und Interessen. Aber damit etwas daraus werden kann, braucht all das auch den Anstoß und, zumindest zeitweise, die Anleitung von außen. Es muß nicht unbedingt der direkte, persönliche Kontakt sein, es kann auch der indirekte sein durch Bücher, Filme, Musik, Bilder usw. Alles, was uns von anderen Menschen erreicht, kann uns für etwas Neues interessieren, begeistern und uns bewegen, uns näher damit zu befassen.

Im direkten Kontakt kann der andere vorübergehend eine Veränderung unserer seelischen Verfassung hervorrufen. Auf einmal können Seiten von uns zum Vorschein kommen, von denen wir gar nichts wußten. Besonders deutlich wird das, wenn wir es mit Menschen zu tun haben, die ganz anders sind als wir oder sich mit anderen Dingen befassen. Mir fiel diese sich spontan einstellende Veränderung meiner Verfassung zum ersten Mal zu einer Zeit ein, als ich sehr konzentriert mit einer wissenschaftlichen Arbeit beschäftigt war. Immer wenn ich dann mit Kindern zusammen war, erlebte ich einen starken Kontrast. Während mein Alltag durch die strenge Ordnung eines wissenschaftlichen Systems und von Disziplin geprägt war, fühlte ich mich in Gegenwart der Kinder plötzlich leicht. Ihre unbeschwerte, spielerische Wirklichkeit hatte Wirkung auf mich. Ich stellte fest, daß ich dabei war, Geschichten zu erzählen, zu phantasieren. Einmal schaute ich zum Beispiel mit einem kleinen Jungen einen Autoprospekt an. Uns gefiel ein knallrotes Auto besonders gut. Wir stellten uns vor, daß wir mit diesem Auto wegfahren würden, und ich schlug vor, lauter rote Sachen mitzunehmen. Nachdem wir uns gegenseitig erzählt hatten, was wir alles an roten Kleidungsstücken tragen würden, kamen wir auf Tomaten und Möhren fürs Picknick und so weiter, und so weiter. Es flog sozusagen ein roter Ball zwischen uns hin und her. Alles ging ganz leicht und spielerisch. Da gab es kein angestrengtes Nachdenken, uns fiel alles einfach so ein. Überrascht entdeckte ich, daß ich diese Seite auch in mir habe, und mir fiel meine Großtante ein, die mir immer aus dem Stegreif Geschichten erzählt hatte.

Ein Flirt kann uns in doppelter Hinsicht anregen. Zunächst einmal können unsere kindlichen, unbekümmerten, phantasievollen Seiten zum Zuge kommen, wenn wir uns auf das Spiel des Augenblicks einlassen. Wir können ein bißchen lockerer werden, mehr unseren Einfällen als der Logik folgen. Wir können uns gegenseitig ein wenig herauslocken. Im Spiel mit Worten können wir »durch die Blume« Informationen austauschen und uns gegenseitig »auf den Arm nehmen«. Der folgende Dialog soll das veranschaulichen.

Eine Frau und ein Mann, die sich flüchtig kennen, treffen sich auf der Straße.

Er: Hallo, lange nicht gesehen. Was machen Sie denn so?

Sie: Oh, ich arbeite sehr viel.

Er: Und was macht's Privatleben?

Sie: Im Moment tut sich da nicht viel. Was macht denn Ihres?

Er: Ich habe gar keines, weder Katastrophen noch Erfreuliches.

Sie: Dieses Feld liegt bei Ihnen also zur Zeit brach.

Er: Was? Sie meinen wohl, da wuchert so allerhand Unkraut.

Sie: Na ja. Sie wissen doch, ein brachliegendes Feld trägt später um so reichere Früchte. Es wird sich bestimmt eine ordentliche Landfrau finden, die dieses Feld bestellt.

Er: Bloß keine ordentliche Bäuerin. Ich hoffe ja nur, daß kein Kamel unbefugt an meinen Büschen knabbert.

Sie: Ich meine nur, ein brachliegendes Feld berechtigt zu Hoffnungen.

Er: Was ich brauche, ist wohl eine Bache.

Sie: (guckt fragend.)

Er: Ein weibliches Wildschwein. Tschüß.

Dieses kleine Geplänkel wird von einer spielerischen Verfassung getragen. Nachdem sie sich gegenseitig mitgeteilt haben, daß sie zur Zeit ungebunden sind, gibt sie dem Ganzen eine spielerische Wendung. An dieser Stelle hätte sich das Gespräch auch in eine gemeinsame Klage über die Schwierigkeit, jemanden zu finden, fortsetzen können. Oder er hätte sie fragen können, ob sie sich nicht einmal verabreden sollten. Statt dessen lockt sie ihn aufs Feld der Andeutungen und regt auch seine Phantasie an.

Des weiteren kann ein Flirt uns darauf bringen, den Kontakt zu unserem Spielpartner in einer anderen Form von Beziehung fortzusetzen. Vielleicht gewinnen wir den Eindruck, daß wir mit dem anderen Gemeinsamkeiten haben, die uns in Zukunft verbinden könnten, oder der andere

macht uns neugierig auf die Dinge, die zu seiner Welt gehören.
Verena Kast macht darauf aufmerksam, daß in Liebesbeziehungen der eine aus dem anderen noch ungelebte Seiten »herausliebt«. Wenn wir uns in jemanden verlieben, verspüren wir ahnungsweise, was mit ihm zu leben möglich wäre. Wir idealisieren einander, d. h., wir schreiben uns Seiten zu, die – noch – nicht unserer gelebten Realität entsprechen. Es sind nicht bloße Projektionen eigener Wünsche und Ängste, die wir in den anderen hineinsehen, sondern diese Vorstellungen stützen sich auf Anhaltspunkte, die beim anderen andeutungsweise vorhanden sind. Wir erleben die Wirkung der Idealisierung, wenn sich plötzlich vor uns eine neue Welt, neue Möglichkeiten des Lebens auftun. Vielleicht traut der andere uns Dinge zu, an die wir nicht im Traume zu denken gewagt hätten, und zwar sowohl in positiver, als auch in negativer Hinsicht. Die Liebe macht uns flexibler, kann einen »neuen Menschen« aus uns machen, uns zu Erneuerung führen. Manch eine Verliebtheit endet allerdings in Enttäuschung, wenn die Veränderung nicht gelingt, entweder weil der Mut fehlte, sich auf die Entwicklung des Unbekannten in sich selbst einzulassen, oder weil es an Vertrauen in die Kraft und Dauer, in die Haltbarkeit der Liebe mangelte. Der Zustand von Grenzenlosigkeit und heftiger Belebung, der kennzeichnend für die Verliebtheit ist, läßt sich auf Dauer nicht erhalten. Immer tritt eine gewisse Ernüchterung ein, wenn sich das Vage in konkreten Seiten, Fähigkeiten, Taten und Ereignissen verwirklicht. Manch einer zweifelt dann beim Verblassen des Glanzes an der Echtheit der Liebe.
Während es in Liebesbeziehungen um größere Umwälzungen geht, die die gesamte Lebensform betreffen können, können uns die weniger dramatischen freundschaftlichen

Beziehungen in der einen oder anderen Hinsicht zu Neuem veranlassen. Dabei geht es eher um den kleinen Zugewinn, sei es als kleine Veränderung des Blickwinkels oder als Erweiterung des Bewegungsspielraums.

Wie weit wir uns auf die Anregungen durch andere einlassen, hängt davon ab, wieviel Vertrauen wir in unsere Fähigkeit haben, notfalls Grenzen zu ziehen, um unsere Eigenart zu wahren. Sie kennen sicher auch Menschen, die sich zu keiner neuen Unternehmung bewegen lassen. Diese Vorsicht ist begründet und berechtigt. Schließlich geht es um Wirkungen, und die können leicht in Beeinflussungen, Manipulationen übergehen. Es gibt durchaus Menschen, die ein großes Geschick darin entwickeln, andere für ihre persönlichen Ziele einzuspannen, ohne Rücksicht darauf, was der andere davon haben könnte. Und selbst der in bester Absicht gegebene Rat kann uns in eine Richtung bringen, die nicht die unsere ist.

Menschen, die sich erst gar nicht von anderen für etwas Neues gewinnen lassen, vermeiden das Risiko, ausgenutzt zu werden oder vom eigenen Weg abzukommen – zumindest versuchen sie es. Sie sagen lieber sofort »nein«, weil sie befürchten, später in das Geschehen nicht mehr eingreifen und es mitgestalten zu können. Aber selbst auf die Gefahr, vor fremde Wagen gespannt zu werden, kann es manchmal sinnvoll sein, sich in Projekte anderer hineinziehen zu lassen. Wir können dabei nämlich ermutigt werden, einmal Dinge zu wagen, die wir allein erst gar nicht versucht hätten. Nehmen wir an, Herr Müller verfügt über bestimmte Kenntnisse und Fähigkeiten, deren Wert er aber nicht so recht einzuschätzen weiß. Außerdem kann er nur schlecht Forderungen für sich stellen. Herr Meier erkennt die noch ungenutzten Talente und schlägt ein gemeinsames Geschäft mit der Firma X vor. Herr Müller ist zwar erstaunt, daß Herr Meier ihm die Aufgabe zutraut, läßt sich aber überzeugen, daß sie das zusammen schon schaffen werden. Das geschieht auch, aber am Ende muß Herr Müller feststellen, daß er von seinem Partner finanziell übers Ohr gehauen wurde. Das ist zwar ärgerlich für ihn, aber er hat bei dieser Unternehmung neben der Erfahrung, daß man sich vor skrupellosen Geschäftspartnern in acht nehmen muß, einiges gewonnen. Er weiß jetzt, was sein Können wert ist, und hat gelernt, wie man Forderungen stellt und auch durchsetzt. Denn im Auftrag von Herrn Meier und durch ihn instruiert, mußte er auch finanzielle Verhandlungen führen. Anfangs hat er die finanziellen Vorstellungen seines Partners für ziemlich übertrieben gehalten. Gedrängt von ihm, hat er sie aber der Firma gegenüber vertreten. Das fiel ihm leicht, weil er es nicht als persönliche Angelegenheit betrachtet hat. Schließlich kann er die Übervorteilung durch Herrn Meier als Lehrgeld verbuchen.

Auch unangenehme, in unserer Gesellschaft verpönte Gefühle wie Neid lassen sich in Anregungen umwandeln. Haben Sie nicht auch schon einmal diese kleinen, neidischen Stiche bei sich verspürt, als Ihnen Ihre Freundin ein selbstentworfenes und selbstgeschneidertes Kleid vorführte oder als Ihr Freund Ihnen stolz die Produkte seiner Sonntagsmalerei zeigte? Und haben Sie noch nie Ihre Kollegin beneidet, die mit so vielen interessanten Menschen befreundet ist? Im Neid macht sich unser Wunsch bemerkbar, etwas auch haben oder können zu wollen, was der andere hat oder kann. Wir können dieses Gefühl als Ansporn und Motor nehmen, in uns selbst entsprechende Fähigkeiten zu entwickeln. Keine Angst, es wird keine bloße Nachahmung bleiben. Sie werden in jedem Fall auf Ihre Art etwas daraus machen.

Übung:
Nehmen Sie sich wieder etwas Zeit, und besinnen Sie sich einmal darauf, zu welchen Interessen oder Tätigkeiten Sie durch andere Menschen angeregt worden sind. Schreiben Sie auf, wer Sie zum Beispiel dazu ermutigt hat, sich um den Job in einem neuen Berufsfeld zu bewerben, wer Ihnen südamerikanische Musik nähergebracht hat, wer Sie ermuntert hat, Ihr zeichnerisches Talent zu entfalten, wer Ihre Vorliebe für Frankreichreisen erweckt hat und wer Sie auf den Geschmack italienischer Küche gebracht hat.

Entwicklung des Beziehungsbereichs

»Ich fühle mich tatsächlich als Mittelpunkt des Universums, als in sich abgeschlossene Insel. Aber ich weiß, daß es töricht ist und daß ich in Wahrheit nur das Teilchen in einem Kaleidoskop bin. Eine winzige Drehung genügt, und ich werde zu einem Teil in einem anderen Muster.«

Salvador Minuchin

Der Flirt ist ein wendiges Fahrzeug, das uns zueinanderbringen kann. Er macht es uns möglich, ganz unverbindlich und versuchsweise miteinander Fühlung aufzunehmen. Wir können es bei der kleinen, freundlichen Episode belassen; sie kann uns aber auch neugierig machen auf unseren Flirtpartner. Warum sollten wir den Kontakt zu diesem Menschen nicht vertiefen, mit dem wir uns eine kleine vergnügliche Weile schon so wohl gefühlt haben? Je empfänglicher Sie für die Signale anderer werden und je zugänglicher Sie sich zeigen, mit desto mehr Menschen werden Sie in Berührung kommen. Sie werden erfahren, daß Sie mit manchen nicht mehr als diese kleine Situation verbindet, daß Ihr gemeinsames Spielfeld sehr begrenzt ist. Im Kontakt mit anderen werden Sie ahnen, daß da viel mehr möglich sein kann. Vielleicht entdecken Sie rasch einen weiten Bereich von Gemeinsamkeiten: Sie stammen beide aus derselben Gegend; sie haben verwandte Berufe; plötzlich haben Sie jemanden gefunden, der Ihre Leidenschaft für Schmetterlinge teilt und der, ebenso wie Sie, bisher noch keinen seiner Freunde dafür begeistern konnte; oder Ihre Flirtpartnerin schreibt, wie Sie auch, gern Geschichten und ist schon lange auf der Suche nach einem Gleichgesinnten, mit dem sie sich austauschen kann. Es kann auch sein, daß Sie beide aus völlig verschiedenen »Welten« kommen, und bei oberflächlicher Betrachtung scheint es überhaupt nichts Verbindendes zu geben. Aber Sie fühlen sich sofort verstanden, ein starker Strom scheint von Anfang an zwischen Ihnen zu fließen. Vielleicht entspricht der andere sogar genau dem »Typ«, mit dem Sie bisher niemals etwas zu tun haben wollten. Verwundert stellen Sie aber fest, daß die Frau aus der Werbebranche alles andere als oberflächlich ist, obwohl Sie bisher glaubten, dieser Beruf würde nur von selbstverliebten »Dünnbrettbohrern« gewählt. Sie spüren, daß Sie trotz der Unterschiedlichkeit der Lebensform in der Art, die Dinge um Sie herum wahrzunehmen, übereinstimmen. Und sie bemerkt auf einmal, daß der Mann, der sie schon über eine Stunde mit einem feinsinnigen Geplänkel fasziniert, ein Polizist ist. Eigentlich war sie der Meinung, daß solche Burschen aus sehr grobem Holz geschnitzt sein müßten und für die zarteren Schwingungen zwischen Menschen keinerlei Antennen besäßen. Hören Sie dann auf Ihre innere Stimme, oder bleiben Sie sicherheitshalber lieber bei Ihrem Schubladendenken? Ist nicht das persönliche Erlebnis es wert, eine wie auch immer geartete Beziehung darauf aufzubauen?

Es geht nicht immer ums Große und Ganze. Derjenige, der den Flirt nur als Mittel zum Zweck betrachtet, die Frau oder den Mann fürs Leben zu finden, läßt die vielen anderen Beziehungen links liegen, die auch durch einen Flirt eröffnet werden könnten. Der Beziehungsbereich ist ein wichtiger Teil unserer Persönlichkeit. Es kommt darauf an, viele Facetten zu entwickeln. Lassen Sie sich in neue Kreise ziehen, in denen Sie andere Seiten von sich selbst entdecken können.

Beziehungsnetz statt Abhängigkeit

Ob wir es wahrhaben wollen oder nicht, wir sind in vielfacher Hinsicht auf andere Menschen angewiesen. Das heißt nun nicht, daß wir als Erwachsener völlig abhängig sind von einem anderen. Wir beginnen unser Leben als hilflose Wesen. Ohne die Fürsorge und Pflege anderer sind wir nicht lebensfähig. Unsere Eigenständigkeit besteht zunächst nur darin, unsere Bedürfnisse zu äußern. Zu ihrer Befriedigung brauchen wir die Hilfe anderer. Doch während wir heranwachsen und reifen, wächst auch unsere Selbständigkeit und Unabhängigkeit. Dennoch sind wir auch als Erwachsene nicht völlig autonom und autark. Abgesehen davon, daß wir alle an ein großes Versorgungsnetz angeschlossen sind, ist der einzelne für die Befriedigung seiner Bedürfnisse nach Nähe und Zuneigung auf andere Menschen angewiesen. Allerdings hat er jetzt die Wahl, an wen er sich wendet.

Im vorigen Kapitel wies ich darauf hin, daß andere Menschen nötig sind, um uns Anregungen und Anstöße zu geben, unsere Fähigkeiten und Talente zu entfalten. Wir brauchen andere, von denen wir lernen können, die uns Anerkennung, Bestätigung geben, mit denen wir uns vergleichen können, die uns lieben und verstehen, uns ermutigen und korrigieren.

Komplex, wie wir im Verlauf unserer Geschichte geworden sind, ist es nicht sehr wahrscheinlich, daß wir einen Menschen finden, der uns in jeder Hinsicht versteht und mit uns in allem übereinstimmt. Wir haben zwar die Sehnsucht nach wortlosem Verstehen; das kann sich aber nur in glücklichen Momenten zwischen zwei erwachsenen Menschen einstellen, die sich sehr nahestehen. Wenn wir Glück hatten, haben wir als sehr kleine Kinder diese Einheit mit unserer Mutter erlebt. Die »hinreichend gute Mutter« (Winnicott)

kann sich so gut in den Säugling einfühlen, daß sie seine Bedürfnisse in ausreichendem Maße befriedigen kann.
Manche Menschen tragen aber diese Sehnsucht ein Leben lang mit sich herum und versäumen es, zu anderen Menschen wirklich in Beziehung zu treten. Sie suchen die totale Übereinstimmung und verschmähen das, was der andere ihnen tatsächlich zu geben hat. Manchmal würde es vielleicht ausreichen, dem anderen deutlich mitzuteilen, was man sich wünscht. Statt dessen ist da der stille oder laute Vorwurf: »Wenn du mich wirklich lieben würdest, dann wüßtest du, was ich brauche.« Die ruhige gemeinsame Betrachtung der Frage: »Was haben wir aneinander?« kann das Verhältnis klären und gibt beiden die Möglichkeit, die Dinge, die sich in dieser Beziehung nicht unterbringen lassen, mit anderen Menschen zu teilen. Müssen wir denn ernsthaft eine Trennung in Erwägung ziehen, wenn unser Partner sich nicht für unsere sportlichen Interessen gewinnen läßt, obwohl wir uns in seelischer und körperlicher Hinsicht die Liebe geben können, die wir brauchen? Oder geht unserer Beziehung etwas verloren, wenn ich ab und zu mit einer Freundin Tennis spiele?
Immer mehr Menschen bleiben nicht ihr ganzes Erwachsenenleben mit einem Partner zusammen. Sie leben vorübergehend oder auf Dauer allein. Deshalb müssen sie sich nicht einsam fühlen. Sicher, ein vielfältiger Freundeskreis ist kein Ersatz für einen Menschen, der zu uns gehört, den wir lieben und dem wir vertrauen. Aber ein Netzwerk verschiedenartiger Freundschaften kann uns mit dem Notwendigsten versorgen. In Zeiten, in denen der Platz an meiner Seite nicht besetzt ist, kann mich die liebevolle Umarmung meiner besten Freundin trösten, wenn ich traurig bin. Und für meine beruflichen Probleme kann ich vielleicht im Gespräch mit einer anderen Freundin nach Lösungen suchen.

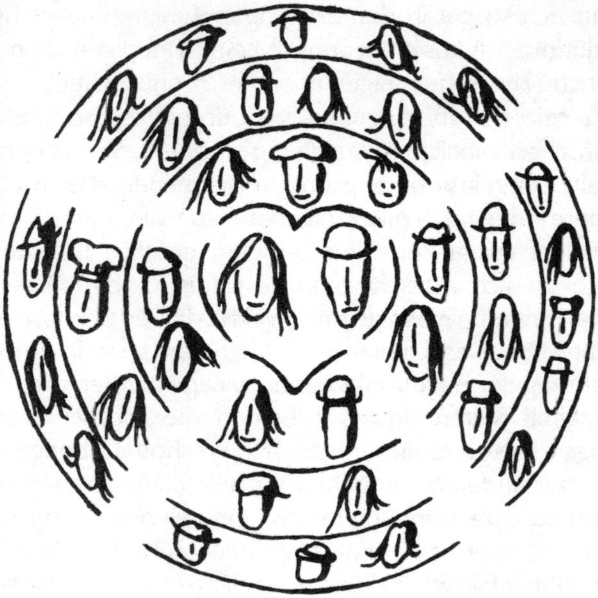

So wie wir immer im Fluß sind, ändern sich auch unsere Beziehungen und der Stellenwert, den sie jeweils haben. Während unsere Kinder klein sind, haben wir vielleicht häufig Kontakt zu anderen Eltern, mit denen uns nur verbindet, daß unsere Kinder im selben Kindergarten sind. In dieser Zeit treten vielleicht die Freunde in den Hintergrund, die uns während der Schulzeit und in den ersten Berufsjahren nahestanden. Wenn uns dann die Kindererziehung nicht mehr so sehr in Anspruch nimmt, verlieren wir vielleicht die Freunde aus der Elterngruppe wieder aus den Augen, und die alten Freunde werden wieder wichtiger für uns, oder wir finden ganz andere Menschen, mit denen wir einen kürzeren oder längeren Weg gemeinsam gehen.
Wir können uns den Beziehungsbereich in einem einfachen

Modell (siehe Abbildung auf Seite 169) von verschiedenen Kreisbahnen vorstellen: Der innerste Kreis umschließt uns selbst und unseren Partner; auf einer zweiten Bahn befinden sich die uns nahestehenden Menschen, unsere Kinder, unsere wirklich guten Freunde und Verwandten; die dritte Bahn ist der Raum für gute Bekanntschaften und Kollegen; in der vierten Bahn, also in einiger Entfernung von unserem Zentrum, spielen sich unsere eher oberflächlichen Kontakte ab. Diese Kreisbahnen sind durchlässig, d. h., ein zunächst flüchtiger Bekannter kann in unseren engsten Freundeskreis aufgenommen werden. Ebenso können Freunde, mit denen wir in bestimmten Phasen unseres Lebens nahe verkehrten, infolge unserer sich ändernden Verhältnisse auf Distanz rücken. Ob wir jemanden als nahen Freund betrachten, hängt von der Qualität dieser Beziehung ab. Wieviel können wir ihm von uns zeigen? Wieviel Einfluß räumen wir ihm auf unser Leben ein? Welches Maß an Zuneigung verbindet uns? Wieviel Zeit wir miteinander verbringen, ist dabei nicht von Bedeutung. Vielleicht sehen Sie Ihren Freund oder Ihre Freundin nur ein-, zweimal im Jahr. Aber wenn Sie gerade ein seelisches Tief haben, rufen Sie diesen Menschen an, um ihm Ihr Herz auszuschütten. Denn Sie wissen, dieser Mensch versteht Sie, Sie vertrauen einander, und das Gespräch wird Sie nicht nur erleichtern, sondern es wird Ihnen auch wieder Mut und die Hoffnung gegeben, daß Sie Lösungen für Ihre Probleme finden werden.

Die Macht der Bilder

Weshalb bleiben manche Menschen allein oder halten an Beziehungen fest, die ihnen nicht die Liebe und Achtung geben, die sie brauchen?

Wir alle haben, ob wir uns darüber im klaren sind oder nicht, eine Vorstellung davon, wie die Verhältnisse zwischen Menschen sein sollten. Es ist ein Bild der Wirklichkeit, das die Vielfalt möglicher Beziehungen überschaubar macht, eine Orientierungshilfe. Eine solche Vorstellung über Beziehungen kann zum Beispiel sein, daß eine Frau glaubt, ein Mann meine es erst dann wirklich ernst mit einer Liebesbeziehung, wenn er große Anstrengungen unternimmt, um sie für sich zu gewinnen. Sie erwartet, daß er sie ständig anruft, sie mit Briefen, Blumensträußen und immer kostbareren Geschenken bombardiert, sie täglich sehen will – und all das, obwohl sie sich kühl und distanziert gibt. Wenn sie Glück hat, trifft sie einen Mann mit einer passenden Vorstellung, den nämlich ihr sprödes Verhalten anspornt, diese Festung mit Liebesgaben zu erobern, weil er in ihrer Unnahbarkeit ein Zeichen ihres besonderen Wertes vermutet.
Diese Vorstellungen, wie sich Liebe und Sympathie zwischen Menschen äußert, gehen auf die frühen Erfahrungen in unserer Familie zurück. Daraus, wie die Eltern miteinander und mit uns umgehen, was wir da erleben und wie wir es uns aus unserem kindlichen Blickwinkel erklären, entsteht das erste Bild von zwischenmenschlichen Verhältnissen. Wir glauben, so ist die Wirklichkeit und so ist sie für alle anderen Menschen auch gültig. Wenn wir dann in die Schule kommen, Freundschaften schließen und andere Familien kennenlernen, stellen wir fest, daß es auch noch andere Verhältnisse gibt. Später, in der Beziehung zu Liebespartnern, machen wir neue Erfahrungen und haben Erlebnisse, die nicht in dieses enge – weil kindliche – Bild passen. Wir müssen es umbauen, den einen oder anderen Teil durch einen unseren Erfahrungen angemesseneren auswechseln. Wenn wir uns verlieben oder in Krisenzeiten spüren, daß solche Erneuerungen notwendig geworden sind. Je beherz-

ter wir solche Umbauten vornehmen, desto größer ist die Chance, daß unsere Vorstellungen zwischenmenschlicher Verhältnisse in etwa mit unseren gelebten Beziehungen übereinstimmen. Und je realistischer unser Bild ist, mit dessen Hilfe wir uns in der Wirklichkeit orientieren, desto eher bemerken wir, wann eine Beziehung aussichtslos ist, und desto mehr Mut werden wir haben, zu neuen Ufern aufzubrechen.

Es gibt aber Menschen, die mit aller Kraft an dem einmal gewonnenen Bild festhalten. Nehmen wir an, jemand ist in sehr schwierigen Verhältnissen aufgewachsen, weil die Mutter suchtkrank war. Wegen der Krankheit konnten die Bedürfnisse des Kindes nicht angemessen wahrgenommen und befriedigt werden. Ausbrüche von leidenschaftlichen Liebesbeteuerungen wechselten mit Gewalttätigkeiten und Gleichgültigkeit. Um sich in diesem undurchschaubaren Chaos zurechtzufinden, nahm das Kind an, daß die Mutter es zwar liebe, aber wahrscheinlich durch das »bösartige« Wesen des Kindes zu Strafaktionen provoziert würde. Es entwickelte die Vorstellung: »Ich verdiene es nicht anders. Ich bin nicht liebenswert.« Diese Vorstellung änderte zwar nichts an den Umständen, gab dem Kind aber die Möglichkeit zu »verstehen«, was nicht zu verstehen war. Und damit hatte es einen gewissen Halt gefunden. Eine Konsequenz dieser Vorstellung war dann die Überlegung, da es kein Recht auf Verständnis und Zuneigung habe, müsse es sich allein in der Welt zurechtfinden. Das Kind wurde sehr früh selbständig und ein tüchtiger Mensch. Der Erwachsene hält dann die Bedürfnisse nach Nähe und Zuneigung unter Verschluß, und er läßt sich nicht näher auf andere Menschen ein, weil er stets befürchtet, daß der andere bei näherer Bekanntschaft das »bösartige Wesen«, den nicht liebenswerten Menschen, erkennen und sich dann abwenden wird.

Wenn jemand immer wieder an den »Falschen« gerät, immer wieder ähnliche, enttäuschende Erfahrungen mit Partnerschaften macht, steht häufig eine solche oder eine ähnliche Geschichte im Hintergrund. Tatsächlich entwickelt sich jede Beziehung zwischen zwei Menschen anders, einfach deshalb, weil jeder Mensch sich vom anderen unterscheidet und weil wir uns verändern. Wenn immer wieder das gleiche Drama abläuft, muß derjenige, dem solch ein »Schicksal« widerfährt, einiges dafür tun. Dann ist der Betreffende auf ein starres Beziehungsmuster festgelegt, das er immer wieder – mit verschiedenen Akteuren – in Szene setzt, statt sich auf lebendige Beziehungen einzulassen. Die Frau, die als kleines Mädchen ihren, für sie unerreichbaren Vater innig liebte, hat vielleicht die Vorstellung entwickelt, daß der Mann für sie der passende Partner ist, der für sie nicht leicht zu haben ist. Mit schlafwandlerischer Sicherheit verliebt sie sich stets in Männer, die sich ihr nicht mit ganzem Herzen zuwenden können. Zu ihren Liebesbeziehungen scheinen unüberwindliche Hindernisse und das Leiden an unerfüllbarer Sehnsucht zu gehören. Sie trifft anscheinend immer nur Männer, die entweder anderweitig gebunden sind oder ihrerseits an einem Bild von Beziehung hängen, das es ihnen unmöglich macht, sich auf die Entstehung eines Beziehungsprozesses einzulassen. Sie spürt dann zwar, daß bei ihm im Moment die Bereitschaft zu einer Beziehung mit ihr fehlt, erklärt sich das aber nicht aus den offensichtlichen Bedingungen, sondern glaubt, es läge an ihr, sie sei es nicht wert. Entsprechend ist ihr Verhalten. Sie sehnt sich zwar nach dem Mann und muß ständig an ihn denken, verbirgt ihre Gefühle aber vor ihm. Denn in ihrer Vorstellung würde die Offenbarung ihrer Gefühle den Mann in die Flucht schlagen, weil er sie als zudringlich erleben würde. Ihre Gefühle sind dann zwar spürbar, aber nicht greifbar. Statt die beiden zu verbin-

den, stehen sie als etwas Vages, Nebelhaftes zwischen ihnen. Sie schwankt zwischen Hoffnung und Verzweiflung: Im einen Augenblick fühlt sie sich emporgehoben durch diese besondere Beziehung, um im nächsten Augenblick unter deren Aussichtslosigkeit zu leiden. Ebenso wechselhaft sind ihre Vorstellungen, die den Mann betreffen: Das eine Mal idealisiert sie ihn zu übermenschlicher Größe, um ihn das andere Mal als einen Raubritter der Gefühle zu dämonisieren. Im Verhalten ihm gegenüber erscheint sie launisch: Mal ist sie sanft, verständnisvoll und nachgiebig, mal ist sie von beißender Ironie und gibt ihm zu verstehen, daß von ihm sowieso nichts zu erwarten sei. Im Grunde spielt sich die Beziehung mehr in ihrem Kopf ab als in der Realität. Ihr Verhalten ist dann mehr auf ihr Bild vom Mann ausgerichtet als auf den wirklichen Menschen. Endet die Beziehung, hat sie wieder einen Beweis dafür, daß sie nicht liebenswert ist. Es ist schwierig, diese einmal gefundenen Bilder zwischenmenschlicher Beziehungen aufzugeben, vor allem, wenn sie immer wieder bestätigt zu werden scheinen. Diese Bilder geben Überblick und versprechen Sicherheit. Es scheint für manch einen leichter zu sein, bei der Überzeugung zu bleiben, daß er doch immer nur an verschlossene Türen klopft, als das Wagnis einzugehen, das Haus eines anderen zu betreten. Wer weiß, was ihn dort erwartet? Vielleicht wird er ja freundlich willkommen geheißen und bekommt, was er braucht. Es könnte sich herausstellen, daß er ein liebenswerter Mensch ist. Dann wäre die jahre- oder jahrzehntelang gepflegte Meinung von sich selbst ein Irrtum und all das Leiden überflüssig gewesen. Manch einer geht lieber an sich öffnenden Türen vorbei, um diese Erschütterung seines Bildes zu vermeiden.
Es ist auch möglich, daß sich jemand von einer vielversprechend anlaufenden Beziehung zurückzieht, weil mit der

Aussicht auf Glück die Angst vor dem Verlust einhergeht. Auch die besten Beziehungen können enden, sei es durch Enttäuschung, sei es durch Krankheit und Tod. Und gerade diejenigen, die so etwas schon einmal erlebt haben, vielleicht als Kind mit dem Tod eines geliebten Elternteils konfrontiert wurden und keine Hilfe hatten, damit fertig zu werden, wissen um diese Bedrohung. Sie haben sich vielleicht darauf eingerichtet, mit dem Mangel zu leben und ziehen es vor, von vornherein auf das Glück zu verzichten, bevor es ihnen wieder genommen werden kann.
Um uns trotz dieser Gefahren auf Beziehungen einlassen zu können, brauchen wir Zuversicht und Vertrauen, daß jede lebendige Beziehung, jeder geglückte Kontakt uns bereichert und daß das Gute, das wir mit anderen Menschen erleben, zu einem Teil von uns wird und nicht verlorengehen kann.

Kultivieren Sie Ihren persönlichen Flirtstil

»Viele Wege gegangen.
Alles ist dabei.
Nur Du,
Nur Du, Du bist nicht dabei.
Im Regen gestanden,
Am Rande,
Am Ufer entlang.
Die Verzweiflung,
Die Einsamkeit,
Die Sehnsucht
– Das Herz mir bricht,
Im Winde verfliegt.
Der Morgen, der Tag beginnt,
Die Sonne, das Licht
Neue Hoffnung mir bringt.
I will nicht verzagen,
Ehe die Nacht
Das Leben mir nimmt.«

Arthur Merian

Wir sind mit unseren Handlungen dann am erfolgreichsten, wenn wir das angepeilte Ziel wirklich erreichen wollen, uns große Chancen dabei einräumen und über entsprechende Fähigkeiten verfügen, die dazu notwendig sind.
Auch wenn Sie jetzt die Absicht haben, Ihren Freundes- oder Bekanntenkreis zu erweitern, kommt es darauf an, daß Sie das wirklich wollen. Das heißt nun nicht, daß Sie Ihre alten Freunde und Bekannten vernachlässigen sollen oder diese Kontakte abbrechen müssen. Aber es ist notwendig, einmal genauer hinzuschauen und zu überlegen, was Sie eigentlich mit wem verbindet. Sind Ihre Freundschaften und Beziehungen noch lebendig oder dümpeln sie schon eine

ganze Weile auf der Stelle? Sind Sie noch im anregenden Austausch miteinander oder ist »die Luft raus«? Haben Sie noch Freude aneinander oder besuchen Sie sich, »weil wir uns mal wieder treffen sollten«? Können Sie sich noch offen begegnen, sich gegenseitig verblüffen oder spielen sich Ihre Kontakte im Rahmen einer ausgewogenen Distanz ab, die sicherstellt, daß keiner dem anderen zu nahe tritt? Haben Sie den Eindruck, Sie kennen den anderen wie Ihre Westentasche? Langweilen Sie sich oft miteinander?
Wirklich gute Freundschaften vertragen Kontaktpausen. Sie brauchen sogar manchmal Ruhephasen, in denen wir Gelegenheit haben, neue Menschen kennenzulernen und andere Erfahrungen zu machen. Während sie vorübergehend brachliegen, können sie sich erholen und später um so reichere Früchte tragen. Wenn wir dann wieder zusammenkommen, können wir das Vertraute mit dem Neuen verknüpfen, und unsere Freundschaft kann, erfrischt und belebt, weiterwachsen.
Mit manchen Freunden gehen wir auch nur eine bestimmte Wegstrecke gemeinsam. Dann müssen sich unsere Wege trennen. Weiter daran festzuhalten hieße, auf der Stelle zu treten, sich in der Entwicklung zu blockieren. Es gibt viele verschiedene Arten der Verbindung zwischen Menschen. Um uns weiterzuentwickeln, müssen wir ab und zu neue Verbindungen suchen.
Manchmal vertragen die alten Bindungen solche Experimente nicht, wie das bei Wilhelm, einem 52jährigen Graphiker, der Fall war. Er war seit dreizehn Jahren Witwer und hatte sich nach dem Tod seiner Frau zur Ablenkung und um unter Menschen zu sein in verschiedenen ehrenamtlichen Tätigkeiten engagiert. Dort war er als besonders zuverlässiger und hilfsbereiter Mensch bekannt und beliebt. Wenn Plakate für den Informationsstand der Bürgerinitiative zu gestal-

ten waren, saß er bis tief in die Nacht hinein an der Arbeit. Und wenn ein Freund oder Bekannter mitten in der Nacht eine Autopanne hatte, konnte er sicher sein, daß Wilhelm sich sofort auf den Weg machte, um ihn abzuholen. Natürlich waren die anderen ihm dankbar. Aber wenn er einmal den Vorschlag zu gemeinsamen Unternehmungen machte, etwa ins Kino oder zum Essen zu gehen, waren die anderen gerade immer anderweitig beschäftigt – so kam es ihm jedenfalls vor. Gelegentlich hatte er versucht, die Bitten der anderen abzulehnen. Die Reaktion war Unverständnis gewesen. Das sah ihm einfach nicht ähnlich.

Anderen zu helfen ist eine Art, Beziehungen herzustellen. Wilhelm hatte allzusehr darauf gesetzt, daß sein Einsatz die anderen ermuntern würde, mit ihm in geselligen Kontakt zu treten. Zunächst war er ganz zufrieden damit gewesen, für die verschiedenen Gruppen etwas tun zu können. Da hatte er auch vor allem Ablenkung von seinem Schmerz gesucht und war ganz froh darüber gewesen, einfach nur regelmäßig mit Menschen zusammenzusein, ohne aus sich herausgehen zu müssen. Er hatte es auch nie gelernt, deutlich seine Wünsche zum Ausdruck zu bringen, sondern hatte im stillen gehofft, es würde sich schon irgendwie ergeben. Jetzt hatte er Bilanz gezogen und gemerkt, daß seine Wünsche nach Geselligkeit und Austausch keine Erfüllung fanden. Er wußte, daß er neue Verhaltensweisen ausprobieren mußte. Aber im Kreis seiner langjährigen Freunde und Bekannten wurde ihm das schwergemacht; er kam gegen das Bild »Wilhelm, der unermüdliche Helfer« nicht an.

An einem solchen Punkt ist es ratsam, sich neuen Bekanntschaften zu öffnen. Es ist immer schwierig, neue Wege zu anderen zu finden. Im Umgang mit Menschen, die noch keine festen Vorstellungen von uns haben, ist aber die Chance größer, aus den eingefahrenen Gleisen herauszukommen.

Den persönlichen Flirtstil zu kultivieren bedeutet nicht, bei solchen vertrauten Weisen der Kontaktaufnahme zu bleiben, sondern heißt, auf die eigene Art mit Neuem zu experimentieren. Wilhelm zum Beispiel sollte jetzt nicht ins Gegenteil verfallen und neue Bekannte mit lautstarken Forderungen überfallen. Aber er sollte seine Hilfsbereitschaft dosieren. Offenbar hatte er bisher geglaubt, er könne nur dann von anderen etwas erwarten, wenn er sich nützlich macht. Gerade der Flirt wäre für ihn eine gute Möglichkeit zu erfahren, daß er im spielerischen Austausch mit einem anderen Menschen ohne Anstrengung und Vorleistung in Berührung kommen kann.

Unter Kultivierung versteht man ursprünglich die Urbarmachung und Bearbeitung von Land, die Fruchtbarmachung von Boden. Im übertragenen Sinn ist mit Kultivierung die Verfeinerung der Sitten gemeint, und zwar durch sorgsame Pflege. Indem wir uns im spielerischen Umgang mit möglichst vielen verschiedenen Menschen üben und sorgsam darauf achten, was da eigentlich zwischen uns und anderen passiert, kultivieren wir unsere persönliche Art, mit anderen in Beziehung zu treten. Dazu ist es notwendig, die kleinen Freuden schätzenzulernen. Wilhelm gab viel und erwartete dementsprechend viel. Die kleinen Äußerungen von Anteilnahme und Sympathie entgingen ihm. Er schätzte zum Beispiel den »Small talk« überhaupt nicht, fand, das sei hohles Geschwätz. Sicher, der Small talk gehört zu eher oberflächlichen Kontakten, aber wir können uns einem Fremden zunächst nur behutsam über die Oberfläche nähern. Damit zeigen wir Achtung vor der Andersartigkeit des anderen. Und aus oberflächlichen Kontakten können tiefere Beziehungen entstehen.

An der Art, wie wir beispielsweise über das Wetter sprechen, läßt sich schon erkennen, ob wir einen Draht zueinander bekommen oder nicht. Was kann mein Gegenüber damit anfangen, wenn ich auf seine Bemerkung, dieses trübe, nasse Wetter mache ihn ganz bedrückt, antworte, daß ich jetzt, wo der Herbst beginnt, die behagliche Wärme meines Zuhauses besonders schätze und daß er mich anregt, mal wieder ins Kino zu gehen? Kann sich mein Gesprächspartner jetzt auf ein Gespräch über Filme einstellen oder beharrt er darauf, daß Herbst und Winter »abgeschafft gehören«? Können wir zusammen darüber lachen oder bekommt das Gespräch eine mißmutige Färbung?

Experimentieren Sie

Experimentieren Sie mit neuen Rollen. Ihr Flirtpartner kennt Sie noch nicht. Nutzen Sie diese Chance, um auszuprobieren, wie Sie sich fühlen, wenn Sie einmal ganz andere Seiten an sich zum Vorschein kommen lassen. Wenn Sie bisher dazu neigten abzuwarten und gern anderen die Initiative überlassen haben, geben Sie sich einmal einen Ruck und gehen Sie auf jemanden zu. Oder wenn Sie glauben, ohne Ihre Aktivität käme gar nichts zustande, schalten Sie einmal auf Empfänglichkeit um. Signalisieren Sie Bereitschaft, schauen Sie sich mit offenen Augen um und geben Sie anderen die Möglichkeit, Sie anzusprechen.
Wissen Sie eigentlich, wie Sie flirten? Gehen Sie meistens gleich aufs Ganze, oder schleichen Sie eher wie die Katze um den heißen Brei herum? Geben Sie sich kühl, oder werden Sie schnell herzlich? Tasten Sie sich eher zaghaft an Ihr »Zielobjekt« heran, oder fassen Sie schnell und direkt zu?
Konzentrieren Sie sich in der nächsten Zeit einfach nur einmal auf das Flirten, und lassen Sie die Frage außer acht, ob

sich daraus Bekanntschaften, Freundschaften oder Liebesbeziehungen ergeben können.
Nehmen Sie die folgenden Beschreibungen als kleine Anregung dafür, wie man zu einem Flirt kommen kann. Es sind keine »Rezepte« oder Strategien, sondern Möglichkeiten. Diese kleinen Episoden haben sich wirklich so ereignet oder könnten so geschehen sein.

Der Geschickte
Es ist Samstagabend. Oliver lehnt mit einem Freund in seinem Stammlokal an der Theke, als zwei junge Frauen hereinkommen. Er hat sie hier noch nie gesehen. Das Lokal ist sehr beliebt, und die beiden steuern ebenfalls die Theke an. Nachdem sie sich eine Weile miteinander unterhalten haben, kommen sie mit dem Mann, der zwischen ihnen und Oliver steht, ins Gespräch. Sie sind also durchaus offen für Kontakte, wie Oliver feststellt. Eine der beiden gefällt ihm besonders gut. Wie soll er an sie herankommen? Er greift in seine Manteltasche, zieht einen Notizblock hervor und schreibt etwas darauf. Dann schiebt er den Zettel zu der jungen Frau hinüber. Sie liest und lacht ihn an. »Darf ich Ihre Telefonnummer erfahren?« steht darauf. Jetzt will sie wissen, weshalb er sie anrufen will, und er kann zu ihr hinübergehen.

Die Souveräne
Brigitte steht in einem Bistro an der Theke. Sie schaut sich um. Mitten in der Woche ist hier nicht viel los. Ruhig mustert sie die wenigen Gäste, die sich im Lokal verteilt haben. Es sind vorwiegend Pärchen, die sich gedämpft miteinander unterhalten. Da begegnet ihr Blick dem eines jungen Mannes, der allein an einem Tisch in der Ecke sitzt. Er gefällt ihr. Sie wendet sich wieder ihrem Bier zu, wirft ihm kurz darauf

noch einen Blick über die Schulter zu. Er lächelt ihr zu. Gelassen trinkt sie ihr Bier aus und bestellt eine Flasche Sekt und zwei Gläser. Dann ergreift sie Flasche und Gläser und geht zielstrebig auf seinen Tisch zu, nimmt Platz, gießt ein, hebt ihr Glas und sagt: »Auf uns!«

Der Phantasievolle

Philip wohnt in einem Hochhaus. Es ist Frühling, und er sitzt gern auf seinem Balkon und genießt die Aussicht. Da ist sie wieder, die nette Frau von gegenüber. Sie ist gerade dabei, ihre Balkonkästen zu bepflanzen. Hübsch sieht sie aus in ihren blauen Shorts und dem blauen Hemd. »Wenn ich nur wüßte, wie ich mit ihr in Kontakt kommen könnte.« Einfach hinüberzurufen wäre nicht sehr geschickt. »Ich muß mir was einfallen lassen. Ihr zu schreiben, wäre wohl das beste«, denkt er. Aber er weiß nur, daß sie in der zweiten Etage wohnt, ihren Namen kennt er nicht. Da kommt ihm eine Idee. Er schreibt einen Brief, steckt ihn in eine kleine blaue

Plastiktüte und befestigt diese mit Klebestreifen an einem Tennisball. Nach Einbruch der Dunkelheit geht er hinunter, stellt sich unter ihren Balkon und wirft seine Botschaft hinauf. Als sie am nächsten Morgen die Blumen gießt, findet sie den Brief und liest:

»Es muß am Wetter liegen ...
... hätte ich sonst so versucht, mit
Ihnen Kontakt aufzunehmen?

Nachdem ich in den letzten Tagen sehen konnte, daß wahrscheinlich Blau Ihre Lieblingsfarbe ist, war ich versucht, den Ball so einzufärben – aber jetzt fällt er wohl doch mehr auf.
Und das soll er ja – wenn ich nämlich jetzt mit meiner Aktion nicht zu weit gegangen bin und es Ihnen nicht mißfällt, so hoffe ich, mit diesem Wurf einen ersten Schritt getan zu haben. Wenn ich ja wüßte, wie ich mich bei Ihnen melden könnte (und dürfte) – aber so kenne ich doch nur Ihren Balkon. Ich würde mich sehr freuen, wenn wir uns einmal unterhalten könnten – und sei es auch nur über meine »Aktion«.
Schreiben Sie jetzt bitte nichts an mich; denn den Tennisball müßten Sie bis zur 7. Etage des Hochhauses schmeißen ...
Einfacher ist es doch anzurufen:
Mein Name ist Philip Sander, Tel.: ...
Übrigens bin ich 31 Jahre alt (falls Sie mal zur 7. Etage hochsehen sollten und dort nur ältere Herren sehen sollten).
Sie sehen, ich versuche möglichst offen an Sie heranzutreten und, wie gesagt,
hoffentlich bis bald
Philip Sander

PS: Sollte heute nacht ein Regenschauer niedergehen, die Schrift verlaufen lassen und die Telefonnummer, dann werde ich den nächsten Tennisball schon bereithalten.

Die Direkte

Birgit kommt gerade an einem Schnellimbiß vorbei. Durch das Fenster sieht sie dort an einem Tisch diesen sympathischen jungen Mann sitzen, der ihr schon öfter auf der Straße aufgefallen ist. Kurz entschlossen geht sie hinein und bestellt eine Cola. Dann steuert sie an den freien Tischen vorbei und setzt sich wortlos zu ihm. Er schaut verblüfft von seinem Grillteller hoch, wendet sich gleich darauf wieder irritiert seinem Essen zu. Sie greift nach seinem Feuerzeug und steckt sich eine Zigarette an. Schweigend sitzen sie dort. Er stochert noch ein wenig auf seinem Teller herum und schiebt ihn schließlich von sich weg. Gerade, als er seine Mütze aufsetzen will, flüstert sie etwas. »Wie bitte?« fragt er. Sie sagt etwas lauter: »Ich habe heute von meinem Nachbarn eine Flasche Rotwein geschenkt bekommen. Hast du Lust, sie mit mir zu trinken?« Er antwortet: »Nein, ich trinke keinen Wein.« Sie läßt nicht locker und erweitert ihr Angebot: »Ich habe auch Milch, Tee, Kaffee, Mineralwasser – was du willst.« Eigentlich gefällt sie ihm ja, und auch ihre zielstrebige Art imponiert ihm, und er sagt: »Ja gut. Dann laß uns gehen.«

Der Sinnliche

Alex fühlt sich wohl. Er hat Urlaub und flaniert gerade durch eine fremde Stadt. Die Sonne scheint, und er genießt mit Muße das bunte Treiben um ihn herum. Während er gemächlich über einen Boulevard schlendert, wird sein Blick wie magisch von einem unnachahmlichen Hüftschwung angezogen. Er folgt der Trägerin dieser faszinierenden Bewegung. Nach einer Weile bleibt sie vor einem Schaufenster

stehen. Er stellt sich neben sie und betrachtet ihr Spiegelbild in der Scheibe. Sie mustert ihn ebenfalls auf diese indirekte Weise. Dann setzen sie ihren Weg fort, und er geht nun neben ihr her. An einer Straßenkreuzung müssen sie warten. Da fragt er sie: »Gehen Sie jetzt nach rechts oder nach links?« Erstaunt fragt sie: »Warum wollen Sie das wissen?« Ruhig antwortet er: »Ich habe dieselbe Richtung wie sie.«

Der Trittbrettfahrer
Georg steht mittags in der Warteschlange an der Mensakasse. Es geht nur langsam vorwärts. Er beobachtet, daß sich ein junger Mann weiter vorn immer wieder nach der hinter ihm stehenden Studentin umschaut. Schließlich spricht er sie an: »Das dauert heute aber wieder ...« Die beiden kommen ins Gespräch, und Georg verfolgt aufmerksam, worüber sie reden. Auch er hatte schon ein Auge auf die junge Frau geworfen. Sein forscher Rivale hat mittlerweile die überall angebrachten Vorankündigungen eines Rock-

konzertes zum Thema gemacht, und Georg befürchtet, daß er ihr jeden Moment einen gemeinsamen Konzertbesuch vorschlagen wird. »Jetzt oder nie«, denkt er und schaltet sich mit der Bemerkung ein: »Ich kenne die Gruppe, das sind Freunde von mir.« – »Wirklich?« fragt sie und wendet sich jetzt ihm zu. Das ist Georgs Chance: »Soviel ich weiß, ist das Konzert ausverkauft. Aber ich habe zwei Karten, und, wenn du willst, kann ich dir eine abgeben.«

Die Hilfsbereite
Lena kommt gerade von der Arbeit. Endlich hat sie einen Parkplatz gefunden. Sie steigt aus, und während sie dabei ist, die Wagentür abzuschließen, kommt ein Mann auf sie zu. »Entschuldigen Sie bitte. Ich bin eben erst hierhergezogen. Können Sie mir ein gutes Restaurant in der Gegend empfehlen?« fragt er mit angenehmer Stimme. Lena überlegt, in diesem Viertel gibt es nicht viele Eßlokale. Sie fragt: »Was möchten Sie denn jetzt gern essen?« Er antwortet: »Ach, es ist im Moment eigentlich egal. Aber am liebsten esse ich türkisch.« – »Da wüßte ich schon was. Ich kenne ein gemütliches, kleines türkisches Restaurant, wo man sehr gut ißt. Allerdings ist das ziemlich weit weg von hier. Wie soll ich Ihnen den Weg bloß beschreiben?« Sie zögert einen Moment. »Ach, wissen Sie was, ich fahre Sie schnell hin.« Überrascht schaut er sie an und sagt: »Das finde ich aber ganz reizend von Ihnen. Was halten Sie davon, wenn ich Sie zum Essen einlade?«

Die »Hilflose«
Stella macht Urlaub am Meer. Jeden Tag geht sie zum Strand. Dort trifft sie auch immer diesen jungen Mann an. Inzwischen begrüßen sie sich schon mit einem Lächeln. Stellas Urlaub ist schon zur Hälfte vorbei. Heute ist sie besonders

gutgelaunt und breitet ihr Handtuch nur ein paar Meter von ihm entfernt aus. Sie packt ihr Sonnenöl aus und reibt sich Schultern und Arme ein. Mit einem hilflosen Blick schaut sie zu ihm hinüber; sie hebt die Flasche und ruft: »Ach, wären Sie wohl so nett . . .?« Er stutzt, erhebt sich aber im gleichen Moment und kommt zu ihr herüber. Schelmisch bittend sagt sie: »Das ist ein Nachteil beim Alleinreisen.«

Der »Vergeßliche«

Alfred sitzt in der Stadtbibliothek an einem Tisch hinter einem Stapel Bücher und macht sich Notizen. Er hat sich den Platz gegenüber einer interessanten Frau gesucht. Ab und zu treffen sich ihre Blicke. Sie schaut durchaus interessiert. Tiefe Stille liegt über dem Lesesaal. Wie soll er mit ihr in Kontakt kommen? Reden darf man hier sowieso nicht, und außerdem fällt ihm auch gar nichts ein. Alfred bekommt langsam den Eindruck, sie könnten noch stundenlang hier schweigend sitzen. Da hat er eine Idee. Er packt seine Sachen zusammen, läßt seinen Füllfederhalter aber auf dem Tisch liegen. Er lächelt ihr zum Abschied zu und geht dann sehr gemächlich zu den Regalen, um die Bücher wieder einzuordnen. Da kommt sie schon, hält ihm seinen Füller entgegen und sagt lächelnd: »Ist das nicht Ihrer?« Er bedankt sich und fragt: »Darf ich Sie zu einer Tasse Kaffee einladen?«

Der Einfühlsame

Heiko bummelt über den Flohmarkt. Er will eigentlich gar nichts kaufen, sondern schaut sich die anderen Leute an. Hier und da bleibt er stehen und verfolgt das Feilschen um die Überbleibsel längst vergangener Tage. Eine attraktive junge Frau hat sich offenbar in einen kleinen, zerschlissenen Teddybären verliebt. Sie hält ihn zärtlich in den Händen. Doch der Preis ist ihr zu hoch. Bittend schaut sie den Händler an, aber der will sich nicht weiter herunterhandeln lassen. Traurig legt sie den Bären wieder zurück und geht langsam weiter. Ihre Enttäuschung hat Heiko angerührt; er zückt sein Portemonnaie und kauft den Bären. Dann geht er ihr nach und sagt: »Sie wollten doch diesen kleinen Schmusebär haben. Wenn Sie mich jetzt zu Kaffee und Kuchen einladen, gehört er Ihnen.«

»Schokoladenseiten«

Jeder Mensch hat seine besonderen Vorzüge, Eigenschaften, Fähigkeiten, Interessen und seine »Schokoladenseite« – d. h. die Seite, von der er besonders gut aussieht. Das Besondere speziell zu diesem Menschen Gehörende, muß nichts Großartiges und sofort ins Auge Fallende sein. Es kann ein seltenes Hobby sein, wie etwa das Sammeln alter Gebrauchsgläser, oder die Fähigkeit, die Dinge auf humorvolle Art und Weise zu betrachten. – Ich traf einmal einen Mann, der in Antiquariaten nach Barockkompilationen stöberte und eine Vorliebe für Ehebruchgeschichten aus der Renaissance hatte. – Vielleicht verfügen Sie auch über Fähigkeiten, die Ihnen ganz selbstverständlich erscheinen, auf andere aber eine wohltuende Wirkung haben. Oft glauben zum Beispiel Menschen, die nicht sehr redegewandt sind, das sei ein Nachteil. Nicht jedem ist eine flinke Zunge gegeben, und nicht jeder hat das Bedürfnis, sich wortreich zu äußern. Solchen Menschen rate ich, die Kunst des Zuhörens zu kultivieren. Dann ist es nicht nötig, sich krampfhaft um eine flüssige Rhetorik zu bemühen, sondern es reicht aus, zu lernen, sein Interesse durch gute Fragen zu zeigen, um als angenehmer Gesprächspartner akzeptiert zu werden.
Pflegen Sie die Seiten an sich, die Sie als besonders zu Ihrer

Person gehörend empfinden, und bringen Sie sie zum Ausdruck. Sie sind Ihr eigenes Produkt, also werben Sie für sich. Vielleicht empfinden Sie das jetzt als etwas befremdlich. Aber wir alle brauchen einen Kreis von Menschen, mit denen wir gern zusammen sind und von denen wir so, wie wir sind, angenommen und geschätzt werden. Um mit diesen Menschen überhaupt erst in Berührung zu kommen, müssen wir uns klar zum Ausdruck bringen. Denn nur so werden wir von den uns Gleichgesinnten auch erkannt.
Es gibt im Grunde keine »grauen Mäuse«, auch wenn viele Menschen es vorziehen, in jeder Hinsicht unauffällig zu erscheinen. Finden Sie heraus, was wirklich zu Ihnen gehört und was zu Ihnen paßt. Für sich zu werben bedeutet, die eigenen Vorzüge zu zeigen. Das fängt schon bei Ihrem Äußeren an. Betonen Sie das, was Ihnen an Ihrem Äußeren gefällt, und lassen Sie die kleinen Schwachstellen, die jeder hat, in den Hintergrund treten.
In der kommerziellen Werbung gibt es den Begriff des »U.S.P.« (Unique Selling Proposition). Damit ist der Aspekt eines Produktes gemeint, der ihn von allen anderen ähnlichen oder gleichen unterscheidet. Das muß nicht ein ganz besonderer Wirkstoff sein, den das Produkt enthält, sondern das kann die lange Lebensdauer, die besondere Qualität oder die Unternehmensphilosophie sein, die zum Lebensstil einer bestimmten Verbrauchergruppe paßt.
Kultivieren Sie Ihren ganz persönlichen U.S.P.
Die folgende Übung soll Ihnen dabei helfen, ihn zu finden.

Übung:
Nehmen Sie sich wieder etwas Zeit, und erstellen Sie eine Liste Ihrer fünfundzwanzig größten Vorzüge. Auch wenn Sie jetzt denken sollten: »So viele kriege ich nie und nimmer zusammen« – versuchen Sie es.

Die Kursteilnehmer berichteten, daß ihnen diese Liste viel Selbstvertrauen gegeben habe und daß sie daraus immer wieder neuen Mut schöpfen konnten für ihren Weg nach draußen.

»Flirtkiller«

Pia weiß nicht, woran es liegt, ihr will kein Flirt gelingen. Dabei ist sie sehr kontaktfreudig, ist alles andere als introvertiert und hat nie Schwierigkeiten, mit anderen ins Gespräch zu kommen. Aber das Leichte, Spielerische, Beschwingte geht ihren Begegnungen mit anderen Menschen völlig ab. Sie fragt sich, ob andere etwas haben, was ihr fehlt, findet aber keine Antwort. Da ist zum Beispiel ihre Kollegin Anne: Sie ist zwar ein eher ruhiger Mensch, aber Pia beobachtet oft, wie sie mit Männern und Frauen in kleine, freundliche Geplänkel verwickelt ist. Häufig geht Anne mittags mit zwei Kollegen zum Essen. Wenn die drei zurückkehren, sind sie immer sehr gelöst, heiter und irgendwie erfrischt. Einmal wollte Pia es genau wissen und hat sich dem Trio einfach angeschlossen. Das war wohl keine so gute Idee. Die Atmosphäre war etwas bedrückt, und nur schleppend kam ein Gespräch in Gang. Pia hatte ein bißchen über den Pächter der Kantine gelästert, um die anderen aufzulockern. Das hatte aber keine Resonanz gefunden. Sie hat das Gefühl, ein besonderes Talent dafür zu haben, »ins Fettnäpfchen zu treten«. Denn selbst, wenn sie einmal den Anfang eines Flirts zu fassen kriegt, dauert es nicht lange und ihr Gegenüber zieht sich zurück. Sie weiß, daß sie zu einer gewissen Bissigkeit neigt. Sollten etwa die Männer heutzutage so empfindlich sein, daß sie sich davon abschrecken lassen? Sollte sie

recht haben mit ihrer Ansicht, daß die meisten Männer »Waschlappen« sind?
Pia hat einige Enttäuschungen mit Männern erlebt und mußte es als alleinerziehende Mutter lernen, fest auf ihren eigenen Füßen zu stehen. Anfangs war es nicht leicht, aber jetzt weiß sie, daß sie sich auf sich selbst und ihre Tatkraft verlassen kann. Sie ist ein unabhängiger Mensch und stolz darauf, auf niemanden angewiesen zu sein. Sie betrachtet das Leben als ständigen Kampf und ist darauf eingestellt, mögliche Angriffe gegen sich gleich im Keim zu ersticken. Während sie sich allein durchs Leben boxte, konnte sie es sich nicht erlauben, weich zu werden. Sie hat die Situation gern im Griff. Sie verachtet diese anschmiegsamen, sanften Frauen, die einem Mann in ihrem Leben sehr viel Raum geben. Zwar sehnt sie sich auch nach einem Partner, aber der müßte ihr schon gewachsen sein.
Vielen Frauen ergeht es ähnlich wie Pia. Ihre Lebensgeschichte hat sie dazu gebracht, vor allem ihre aktiven Seiten zu entwickeln. Dabei ist ihre »andere Seite« in den Hintergrund gerückt. Sie haben gelernt, sich durchzusetzen und wissen, daß sie etwas können. Es fällt ihnen aber schwer, etwas einfach geschehen zu lassen. Und während sie sich einen Platz in der eher von männlichen als von weiblichen Prinzipien beherrschten Berufswelt erkämpften, ist ihnen alles Weibliche suspekt geworden. Im Umgang mit Männern haben sie sich einen kameradschaftlichen, sachlichen Stil angewöhnt. Einige Teilnehmerinnen meiner Kurse haben an sich beobachtet, daß sie zu einem »burschikosen« Umgangston mit Männern neigen. Sie fühlen sich zwar sicher, wenn sie sich mit Männern über Fußball oder Autos unterhalten, haben aber festgestellt, daß sich daraus nie ein Flirt ergibt. Das Verhalten von Frauen, die erfolgreich flirten, empfinden sie dagegen als kleinmädchenhaft. Ohne sich dessen

bewußt zu sein oder es zu wollen, geraten sie Männern gegenüber in ein konkurrierendes Verhalten.
Konkurrenz mit dem Gegenüber läßt aber den Flirt mit ihm ersterben. Wenn wir mit jemandem in Wettstreit treten, wollen wir klären, in welchem Kräfteverhältnis wir zueinanderstehen, ob wir in dieser Hinsicht gleich sind oder wer über- und wer unterlegen ist. Beim Flirt regt uns aber gerade die Verschiedenartigkeit zum spielerischen Hin und Her an. Im Wettstreit stehen sich zwei aktive Partner gegenüber, während der Flirt durch den Wechsel beider zwischen (aktivem) Näherrücken und (passivem) Näherkommenlassen seinen Reiz gewinnt.
Auch jede Form von Zwang beendet einen Flirt oder läßt ihn erst gar nicht entstehen. Wenn Sie zum Beispiel unbedingt flirten wollen, wird in den meisten Fällen nichts daraus. Auch wenn einer den anderen unter Zugzwang zu setzen versucht, aus dem spielerischen Kontakt glaubt, Ansprüche ableiten zu können, wird der Rahmen des Flirts verlassen und wohl auch der, der drängt.
Als Flirtkiller wirken auch plumpe Annäherungsversuche.
Beate berichtet von einer Begegnung, die vielversprechend begann. Sie war gerade auf dem Weg zu ihrem Auto, als ein Mann mittleren Alters auf der Straße an ihr »vorbeispurtete«, sich vor sie hinstellte und höflich fragte, ob er sie etwas fragen dürfe. Sie war zwar sehr verblüfft und fragte, ob er wirklich sie meine, aber sie fühlte sich von seiner Eifrigkeit geschmeichelt. Er sagte, er sei fremd in der Stadt, und bat sie, ihm doch bei einem Tee Gesellschaft zu leisten. Sie fand seine Art rührend und willigte nach einigem Zögern – und beharrlichen Bitten seinerseits – ein. Während ihrer Unterhaltung im Café faßte er mehrmals nach ihrem Arm. Ihr war das unangenehm, und sie rückte etwas von ihm weg. Er erwies sich auch sonst als ein rechter Drängler und schwatzte

ihr ihre Telefonnummer ab. Gleich am nächsten Tag rief er sie an und ließ sich durch ihren kühlen Ton auch nicht davon abhalten, am folgenden Tag wieder anzurufen. Mittlerweile empfand sie sein Verhalten als aufdringlich.
Es gehört Fingerspitzengefühl dazu, um wahrzunehmen, wieweit man sich dem anderen nähern darf. Was wir bei demjenigen, zu dem wir uns sehr stark hingezogen fühlen, als Zeichen der Sympathie begrüßen, empfinden wir bei einem anderen, dem wir etwas reservierter gegenüberstehen, als unangemessenen Übergriff. Wir können uns alle irren, und einmal können wir dem anderen zu nahe treten, ohne daß der Flirt gleich enden muß. Aber ein wiederholtes Mißachten der persönlichen Grenzen führt sicher zu einer abrupten Abwendung.

Erwartungsdruck

Manchmal scheint es wie verhext zu sein. Gerade in Augenblicken, in denen einem ein kleiner Flirt besonders guttäte, scheitern alle Versuche dazu schon im Ansatz.
Da ist zum Beispiel Sigrid, eine attraktive, selbstbewußte Frau Anfang Fünfzig. Sie war dreißig Jahre mit ihrem Mann verheiratet gewesen, als er sich wegen einer anderen Frau von ihr trennte. Das ist jetzt acht Jahre her; vor drei Jahren wurden sie geschieden. Sigrid war gern Ehefrau und hat das Alleinleben langsam satt. Sie wünscht sich einen Partner. Wenn sie mit ihrer Freundin ausgeht, hofft sie jedesmal, einen Mann kennenzulernen. Doch nichts geschieht. Männer schauen zwar zu ihr hin, aber keiner kommt auf sie zu. Zu Hause ist sie dann enttäuscht, tröstet sich aber damit, daß sie »sauber« geblieben ist. Sie geht manchmal allein nach der Arbeit in ein kleines Bierlokal. Dort trifft sie Leute, die sie

durch ihren Beruf kennt. Die Männer unterhalten sich zwar mit ihr und sind höflich und sogar ritterlich zu ihr, aber für einen Flirt scheint sie tabu zu sein. Sie ist jetzt fest entschlossen, daran etwas zu ändern. Sie hat sich Gedanken darüber gemacht, ob sie vielleicht durch ihr Verhalten das Entstehen eines Flirts verhindert. Ihr ist aufgefallen, daß sie sich versteift, sobald sie bei einem Mann Anzeichen eines näheren Interesses bemerkt. Selbst wenn er ihr gefällt, dreht sie sich brüsk von ihm weg und denkt – gegen ihren Willen, wie sie betont –, »was will denn der von mir?«

Im Gespräch mit den anderen Kursteilnehmern stellte sich heraus, daß Sigrid immer noch hofft, ihr Ex-Ehemann kehre zu ihr zurück. Ihr Verstand sagt ihr, daß die Chance dafür äußerst gering ist. Er lebt mit der anderen Frau zusammen, und sie spürt jedesmal, wenn sie mit ihm über ihre Hoffnungen spricht, wie er sich von ihr zurückzieht. Sie hatte sich in ihrer Ehe sehr wohl gefühlt, es waren schöne Jahre für sie gewesen, und sie liebt ihren Mann immer noch. Sie befürchtet, wenn sie akzeptierte, daß diese Beziehung wirklich zu Ende ist, verlöre das Gute, das sie in ihrer Ehe erlebt hat, jeden Wert, es sei dann wie weggewischt. Sie denkt, solange sie noch an die Möglichkeit einer Fortsetzung glaubt, bliebe ihr dieser Teil ihres Lebens erhalten.

Es ist verständlich, daß Menschen nach dem Verlust eines langjährigen und wichtigen Partners möglichst bald die Lücke schließen wollen, die der andere hinterläßt. Aber die räumliche Trennung bedeutet noch nicht – wie es bei Sigrid der Fall war –, daß die Beziehung beendet ist. Durch die Sehnsucht nach ihrem Mann und das Hoffen auf seine Rückkehr erhält sie in sich diese Beziehung am Leben. Der Platz an ihrer Seite ist noch von der Erinnerung an ihren Mann besetzt, und sie ist nicht frei für einen neuen Menschen. Um wieder offen zu werden für neue Beziehungsmöglichkeiten, ist es notwen-

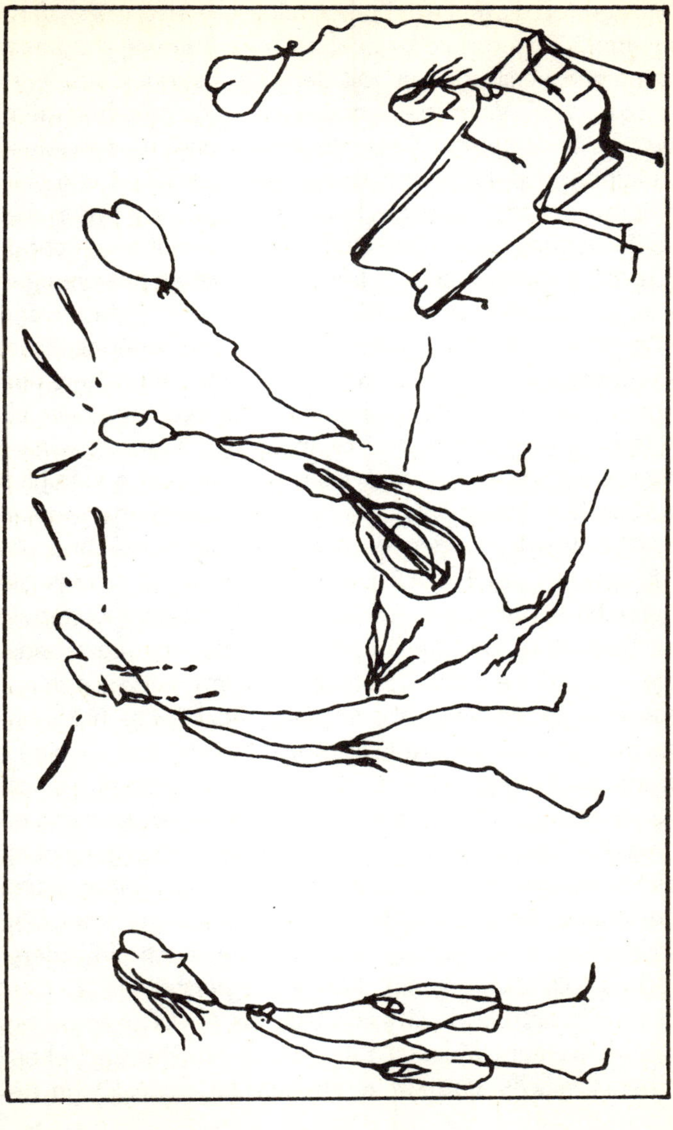

dig, den Tod dieser Beziehung zu akzeptieren und sich dann in einem Trauerprozeß, der ähnlich verläuft wie die Trauer um einen Verstorbenen, mit der Vergangenheit auseinanderzusetzen. Wir müssen genau hinschauen und betrauern, was wir an Gutem in dieser Beziehung hatten und welche Zukunftsperspektiven nun unwiederbringlich verloren sind. Wir müssen aber auch das berücksichtigen, was uns in dieser Beziehung gefehlt hat. Und indem wir Hoffnung schöpfen, daß dieses bisher Ungelebte sich in neuen Beziehungen wird entwickeln können, bewältigen wir den Verlust. Dann können wir uns vom Partner und von der Beziehung lösen. Dann wissen wir wirklich, was wir am anderen hatten, und können uns dieses Stück gemeinsamen Lebensweges als Abschnitt unserer Geschichte aneignen. Dieser Auseinandersetzungsprozeß ist mit vielen verschiedenen Gefühlen verbunden: Trauer, Wut, Wehmut, Enttäuschung müssen ertragen werden. Vielen Menschen fällt der erste Schritt, das Akzeptieren des Beziehungsendes, schon sehr schwer. Sie befürchten, wenn sie diese Beziehung loslassen, stürzten sie ins Bodenlose, und sie fänden nie wieder eine Beziehung, die hält und die sie hält. Statt dessen klammern sie sich mit aller Kraft an eine längst abgestorbene Beziehung. Ihre Sehnsucht richtet sich dann auf die Vergangenheit statt auf eine – wenn auch ungewisse – Zukunft. Sie vermeiden es, von verschiedenen Gefühlen erschüttert zu werden, und handeln sich dafür ein chronisches Leiden an der Vergangenheit ein. Es ist dann nicht die vage Sehnsucht nach einer neuen Beziehung, die sie die Nähe anderer Menschen suchen läßt, sondern sie stehen unter dem Erwartungsdruck, ein anderer Partner solle die Vergangenheit wiederherstellen.

Dieser Erwartungsdruck kann sich als Flirtkiller erweisen, weil er zu einem Verhalten führt, das die Situation zu beherrschen versucht, statt sie geschehen zu lassen. Denn der

Schmerz des Verlassenen kann zur Bitterkeit führen. Man begegnet dann dem unbefangenen Flirtpartner mit zynischer Reserviertheit, und das Verhalten wird von Vorbehalten bestimmt, die aus den vergangenen Enttäuschungen stammen. Nicht selten geht dann das, was als Flirt begonnen hat, in ein trauriges Gespräch über die alte Beziehung über. Dann ist es so, als säße der verlorene Partner mit am Tisch. Auch hieraus kann eine Beziehung entstehen, nämlich wenn der andere großes Interesse hat und dem Betreffenden verständnisvoll zur Seite stehen kann bei der Vergangenheitsbewältigung.

Eine andere Art von Erwartungsdruck entsteht, wenn Menschen sehr lange allein gelebt haben und sich von anderen isoliert haben. Wir haben verschiedene soziale Bedürfnisse; wir brauchen Anteilnahme, Zuneigung, Bestätigung und Gesellschaft. Es gibt Zeiten im Leben, in denen es notwendig sein kann, sich für eine Weile auf sich zu besinnen, etwa um den oben skizzierten Trauerprozeß zu durchleben. Die Bedürfnisse nach zwischenmenschlichem Kontakt lassen sich zwar vorübergehend zurückstellen, aber auf Dauer können wir nicht ohne schwerwiegende Folgen auf ihre Befriedigung verzichten. Wenn Menschen dann wieder Anschluß an andere suchen, geschieht es oft, daß sich ihre Wünsche darauf richten, einen Menschen zu finden, der sie alle erfüllen soll. Sie sind dann in einer ähnlichen Lage wie ein Halbverhungerter und fast Verdursteter, der nach einer langen Wüstenwanderung endlich eine Oase erreicht. Voller Verlangen möchte er den Mangel mit einer einzigen üppigen Mahlzeit ausgleichen. Gierig macht er sich ohne Rücksicht auf andere über den gedeckten Tisch her. Abgesehen davon, daß ein Halbverhungerter eine reichhaltige Mahlzeit gar nicht verträgt, sondern besser daran tut, mit einer Brühe anzufangen, dürfte sein Verhalten auf die Oasenbewohner nicht sehr einnehmend wirken. Nach Kontakt ausgehungerte Menschen verhalten sich bei der Begegnung mit einem potentiellen Flirtpartner ähnlich. Das, was von diesem als spielerische, unverbindliche Annäherung gemeint ist, hält der Kontaktbedürftige dann schon für den Beginn einer Liebesgeschichte. In solch einer Lage greift er mit beiden Händen nach dem gerade entstehenden Interesse und der aufkeimenden Sympathie des anderen und versucht, ihn gleich komplett zu vereinnahmen. Das wird meist zu einem Rückzug des Flirtpartners führen. Gelegentlich berichten die Teilnehmer meiner Flirtkurse von solchen Begegnungen, die ihnen »nichts gebracht« hätten. Im Zustand des Mangels ist es nämlich schwierig, den Wert eines leisen Interesses und einer zarten Zuneigung zu erkennen. Die Betroffenen verstehen den vorsichtigen Rückzug des anderen oft als Abfuhr und brechen dann ihrerseits den Flirt ab. Wenn die elementarsten sozialen Bedürfnisse gedeckt sind, etwa durch gute Freunde, die uns mit Zuneigung und Anteilnahme versorgen, dann können wir einen Flirt sich frei und ohne den Druck zu großer Erwartungen entfalten lassen.

Ungünstige Bedingungen

Es gibt aber auch Umstände und Bedingungen, die einem Flirt nicht förderlich sind.
Streß und Sorgen habe ich schon erwähnt als möglichen Grund, warum sich jemand auf ein Flirtangebot nicht einläßt. Alles, was von uns Anspannung und äußerste Konzentration verlangt, führt zu einer Verfassung, die der spielerischen Leichtigkeit und der Haltung des Geschehen-lassen-Könnens entgegensteht. Wenn wir uns z. B. mit Kollegen in einer Konferenz treffen, um eine wichtige Entscheidung zu

ALT
LEO

treffen, wird uns der Problemlösungsprozeß voll in Anspruch nehmen. Ebenso dürfte sich das Erscheinen unseres neuen Chefs auf unser Getändel mit dem Kollegen hemmend auswirken.

Auch sollten Sie nicht enttäuscht sein, wenn sich der Flirt mit der sympathischen Kellnerin in Ihrem Stammlokal nie über einen zarten Ansatz hinaus entwickeln will. Während Sie sich dort entspannen können, ist das ihr Arbeitsplatz. Es gehört zu ihrem Job, freundlich zu den Gästen zu sein.

Zuviel Alkohol verursacht nicht nur eine Geruchs-»Fahne«, die Annäherungen verhindern kann, sondern bringt häufig auch eine Lockerheit mit sich, die einen schnell übers Ziel hinausschießen läßt. Während man selbst den Eindruck hat, besonders witzig und charmant zu sein, empfindet der Partner vielleicht das Geplänkel als plump und anzüglich.

Auch wenn jemand gerade in einen Streit verwickelt ist, dürfte er wenig Neigung zum Flirten haben.

Ebensowenig können wir uns unbeschwert auf unser Gegenüber einlassen, wenn wir gerade auf jemand anderen in der Nähe ein Auge geworfen haben. Zum Flirten brauchen wir eine gewisse Gemütsruhe, die durch die Gegenwart desjenigen, mit dem wir schon länger liebäugeln, oder desjenigen, mit dem wir kürzlich eine Affäre hatten, gestört wird.

Situationen, in denen wir uns angreifbar und verletzlich fühlen, sind nicht geeignet fürs Flirten. Wenn wir z. B. gerade eine schwerwiegende Auseinandersetzung am Arbeitsplatz hatten oder uns noch nicht ganz vom Streit mit unserem Partner erholt haben, werden wir wenig Lust dazu verspüren.

Auch in der Sauna, wo wir uns so frei und scheinbar ungehemmt zeigen, will ein Flirt bei den meisten Menschen doch nicht so recht in Gang kommen. Die körperliche Nackt-

heit macht oft ein die persönlichen Grenzen betonendes Verhalten notwendig.
Und wenn wir gerade von heftigen Selbstzweifeln geplagt werden, gelingt es oft nicht, von den eigenen Nöten abzusehen und sich von einem spielerischen Kontakt ablenken zu lassen. Da wollen wir lieber für uns bleiben und versuchen, uns durch ein wenig Selbstmitleid ein paar Streicheleinheiten zu geben.
Daß Arroganz und Blasiertheit, genau wie die Neigung zu inquisitorischem Fragen eine heitere und sich erwärmende Atmosphäre erst gar nicht aufkommen lassen, versteht sich wohl von selbst.

Beziehungsgeflecht und »ewige Flirter«

Wer offen ist für die vielen Möglichkeiten zu kleinen erfreulichen Begegnungen, die sich neben und zwischen unseren alltäglichen Beschäftigungen ergeben, wird überall neue und interessante Menschen kennenlernen. Indem Sie sich immer öfter den notwendigen kleinen Ruck geben und auf jemanden zugehen, wird sich das »komische« Gefühl in der Magengegend immer mehr abschwächen. Es wird für Sie selbstverständlich werden, mit den Menschen um Sie herum in Kontakt zu treten, und Sie werden sich dabei immer »natürlicher«, d. h. Ihrer eigenen Art entsprechend, bewegen und äußern können. Was wir gern und oft tun, darin werden wir immer gewandter. Auch im Flirten kann man es bis zur Perfektion bringen. Darin liegt allerdings eine Gefahr. Der Flirt kann als kleines, in sich geschlossenes Begegnungserlebnis mit einem anderen unserem Alltag kleine Glanzlichter aufstecken. Er kann uns mit Menschen in Berührung bringen, die wir sonst nie getroffen hätten. Wir können ganz andere Wirklichkeiten, Lebensbereiche entdecken; wir können neugierig auf den ganz anderen werden und ihn in den Kreis unserer Freunde aufnehmen oder uns seinem anschließen. Auf diese Art können wir das Beziehungsnetz entwikkeln, das zu uns paßt. Nicht zuletzt kann der Flirt in Beziehungen übergehen, die unsere erotischen Seiten anregen, sich weiterzuentwickeln, und wir können, falls wir uns noch

nicht gebunden haben, den Partner finden, mit dem wir in emotionaler und körperlicher Hinsicht das verwirklichen können, was wir uns wünschen.
Der begrenzte Rahmen des Flirtspiels bietet uns die Sicherheit, das Wagnis einzugehen, einem Fremden näherzutreten. Das Spiel hat ja zunächst keine Konsequenzen, die uns zu schwerwiegenden Entscheidungen zwingen. Wir können jederzeit aussteigen. Dann haben wir uns eine kleine Weile dem Ungewissen ausgesetzt und können erfrischt und belebt in unsere vertraute Lebensform zurückkehren. Wir haben ein wenig Aufregung und Spannung erlebt und können es dabei belassen.
Das Flirten zu üben und dabei die Kontaktfähigkeit zu pflegen, ohne mehr daraus werden zu lassen, kann für eine Zeitlang sinnvoll sein, nämlich dann, wenn man den Umgang mit anderen Menschen erst einmal wieder neu lernen muß. Aber alle Vorbereitungsphasen bergen die Gefahr in sich, darin steckenzubleiben. Wir können z. B. in einem Studium zu lange verweilen. Menschen mit sehr großem Sicherheitsbedürfnis, das sich im Zwang zur Perfektion äußern kann, nehmen häufig an, sie müßten erst alles ganz genau wissen und perfekt können, bevor sie sich einer Prüfung stellen. Die Sicherheit, die sie in zunehmendem Maße gewinnen, wenn sie sich in ihrem Fach immer besser auskennen, möchten sie dann nicht aufgeben. Die Prüfung ist ja mit dem Risiko verbunden, daß sich doch ein Mangel der Kenntnisse herausstellen könnte. Und die darauffolgende Arbeitsstelle ist wieder ein Neuanfang; wieder steht man zuerst einmal »dumm« da und muß lernen, das in der Ausbildung Erworbene in praktische Tätigkeiten umzusetzen. Menschen, die in erster Linie auf das Vermeiden von Mißerfolgen ausgerichtet sind, statt sich von der Hoffnung auf Erfolg leiten zu lassen, schrecken vor Bewährungsproben zurück. Sie verhar-

ren, solange es geht, in Schonräumen, wie sie das Studentenleben und auch der Flirt darstellen. Hier bleibt alles noch im Ungefähren, und es lassen sich die eigenen Fähigkeiten, unbelastet von allzuviel und direkter Verantwortung, erproben. Wenn etwas schiefgeht, wenn eine Klausur mißlingt oder wenn man den Flirtpartner verprellt, läßt sich das leicht korrigieren und hat keine Auswirkungen auf die Zukunft. Es ist noch alles möglich: Man könnte in die Forschung gehen und eine bahnbrechende Entdeckung machen, die einen für den Nobelpreis prädestiniert, oder man könnte ein Unternehmen gründen und damit ein Vermögen machen. Oder man könnte der Frau begegnen, die einen in ganz andere Gesellschaftskreise emporhebt und einen zugleich vergöttert.

Ebenso wie der »ewige Student« das Abenteuer des Lernens genießt und dabei keine seiner phantastischen Möglichkeiten aufgeben muß, schwelgt der »ewige Flirter« in der erregenden Spannung immer neuer und anderer erotischer Begegnungen mit Vertretern des anderen Geschlechts, ohne sich auf die Entwicklung einer Beziehung zu diesem besonderen Menschen einzulassen. Indem alles noch in der Schwebe gehalten wird und Festlegungen vermieden werden, kann sich aber noch nichts verwirklichen. Verwirklichung wird erst dann möglich, wenn Entscheidungen getroffen werden. Die Entscheidung für diesen bestimmten Beruf und für diesen besonderen Menschen beinhaltet die Entscheidung gegen alle anderen Möglichkeiten. Die Entscheidung kann sich als Fehlentscheidung herausstellen, und es können einem daraus Forderungen erwachsen, die nicht vorhersehbar sind und denen man nicht entsprechen kann oder will.

»Wasch mir den Pelz, aber mach mich nicht naß!«

Es gibt Frauen und Männer, die gut und gerne flirten, zu vielen Menschen mehr oder weniger lockere Kontakte pflegen und doch über Einsamkeit klagen. Insgeheim sehnen sie sich nach einem nahen Menschen, nach einer intimen Beziehung. Häufig erklären sie sich die Tatsache, daß sie trotz ihrer erotischen Erfolge seit Jahren keine enge Beziehung eingegangen sind, damit, sie hätten eben noch nicht den »Richtigen« oder die »Richtige« gefunden. Gerade weil sie eifrig gesucht hätten und viele potentielle Partner getroffen hätten, seien sie sehr anspruchsvoll. Irgend etwas hätte sie doch immer am anderen gestört. Es sei zwar angenehm, das »wilde Leben« – wie sich eine Kursteilnehmerin ausdrückte – zu genießen, aber das funkelnde Feuerwerk, das bei solchen kurzen Begegnungen abgebrannt werde, biete doch keine dauerhafte Wärme. Im Ernstfall, wenn man jemanden brauche, sei niemand da.

Die knisternde Spannung vorübergehender erotischer Kontakte kann kein Ersatz sein für die konstante Zuneigung, die einen echten Austausch zwischen zwei Menschen erst ermöglicht. Die »Jagd« nach Frauen oder Männern bestätigt einen als Mann oder Frau. Sie zielt auf Bewunderung. Wir brauchen zwar auch Bewunderung, aber Einseitigkeiten sind immer unbefriedigend. Unsere Bedürfnisse nach Liebe, Nähe, Verstandenwerden, Vertrauen lassen sich auf diesem Weg nicht stillen. Es ist, als wolle man sich ausschließlich von Vorspeisen ernähren. Immer, wenn wir an einem Anfang stehen – und der Flirt kann ja der Anfang einer Beziehung sein –, tun sich große Möglichkeiten vor uns auf. Dies könnte ja die Beziehung werden, die wir uns immer schon gewünscht haben. Unsere Wünsche sind Entwürfe, und diese Entwürfe haben die Neigung, vereinfacht darzustellen, was wir brauchen. In unserer Vorstellung ist alles rund und glänzend. Wir stellen uns etwa eine vollkommen harmonische Beziehung mit einem gutaussehenden, klugen, verständnisvollen und anregenden Partner vor. Läßt sich aber eine solche Harmonie wirklich leben? Säßen wir nicht, wenn das möglich wäre, irgendwann tatenlos in unserem weißen Märchenschloß und langweilten uns miteinander zu Tode? In erotischen Flirts zeigen wir einander unsere »Schokoladenseiten«, sind spritzig und lebendig. Daran können sich Phantasien entzünden, und unsere Sehnsüchte werden angerührt. Aber wenn wir jemanden näher kennenlernen zeigt es sich, daß der andere auch ganz andere Seiten hat, Ecken und Kanten und Widersprüchlichkeiten. »Ewige Flirter« nehmen diese Wahrnehmungen als Hinweise darauf, daß der andere eben doch nicht der ist, für den sie ihn gehalten haben, und ziehen sich zurück. Statt ihrem Gefühl zu vertrauen, das sie plötzlich zu diesem Fremden hinzog, glauben sie, es hätte sie getäuscht. Sie verlassen sich dann lieber auf ihre Fähigkeit, leicht einen neuen Flirt zu finden, und wenden sich dem nächsten Erlebnis zu. Ihre Sehnsucht nach Intimität bleibt ungestillt und treibt sie weiter. Statt sich auf eine tiefere Beziehung einzulassen – mit dem Risiko, selbst gefordert zu werden, z. B. sich um ein Verständnis des am anderen als befremdend Erlebten zu bemühen –, suchen sie nach »mehr desselben«. Quantität soll dann den Mangel an Qualität ausgleichen. Sie sammeln Flirts, sind stets auf der Suche nach dem ersten Rausch der Verliebtheit und hoffen, daß viele Liebeleien den Wunsch nach Liebe zur Ruhe bringen. Darüber werden sie aber immer rastloser. Es ist dann so, als würde jemand auf der Suche nach einem zuverlässigen Auto in viele Wagen steigen, den Motor starten und ihn im Leerlauf aufheulen lassen. Doch nie legt er einen Gang ein und fährt los. Vielleicht befürchtet er ganz im stillen, daß seine Fahrkünste nicht ausreichen könnten, um sicher eine Wegstrecke hinter sich zu bringen.

Der »ewige Flirter« ist ein Spezialist für Beziehungsanfänge. Seine Wahrnehmung ist geschärft für günstige Gelegenheiten, und er weiß, wie er Menschen für sich gewinnen kann. Die Möglichkeit, jederzeit den Rückzug antreten zu können, gibt ihm eine gewisse Souveränität im Umgang mit der erotischen Spannung. Je nachdem, in welchem Maße er fähig ist, die dabei entstehende sexuelle Spannung in der Schwebe zu halten, macht er vor oder nach dem sexuellen Kontakt halt. Männer und Frauen auf solchen Flirteroberungszügen haben die Suche nach Erfolgen beim anderen Geschlecht an die Stelle der Suche nach einer Beziehung mit einer Frau oder einem Mann gesetzt. Als Erfolg zählt, wenn sie den anderen »haben«; der eine braucht dafür die gelungene Verführung, während es dem anderen ausreicht, beim anderen den Wunsch nach einer Liebesbeziehung mit ihm geweckt zu haben. Er oder sie begnügt sich mit der Annahme: »Ich könnte ja, wenn ich wollte.« Auf diese Art behält er vordergründig das Geschehen unter Kontrolle und bannt scheinbar die Gefahr, vom anderen beeinflußt oder gar abhängig zu werden. Aber indem er der Sehnsucht nach diesem bestimmten Menschen einen Riegel vorschiebt, handelt er sich die Sucht nach immer neuen, aufregenden Erlebnissen ein.

Wie Beziehungen entstehen

Blutrote Rosen
Die Liebe ist Dir geschenkt,
Mit Leid vermengt.
Rechts die Freude.
Links der Schmerz.
– Kein Scherz!
Wer die Eins nicht kennt,
Die Zwei verkennt.
Arthur Merian

Ein Flirt kann ein Vorgeschmack sein von dem, was mit diesem Menschen möglich wäre. Dieser Vorgeschmack kann so intensiv und vielversprechend sein, daß wir uns auf den Prozeß einer Beziehungsentwicklung einlassen. Damit betreten wir unbekanntes Gebiet. Wir können nicht voraussehen, ob wir den »Himmel auf Erden« finden werden oder die Hölle wild lodernder Leidenschaften uns quälen wird. Wir alle wünschen uns in einer intimen Beziehung Geborgenheit, Wärme, Liebe, Verständnis, Vertrauen. Aus ihr wollen wir Kraft schöpfen für die Anstrengungen draußen; hier wollen wir uns unverstellt zeigen können und geliebt werden, ohne durch Leistungen erst ein Anrecht darauf erwerben zu müssen. Sie soll uns neue Zuversicht geben, wenn unsere Pläne zu scheitern drohen, und soll uns Mut machen weiterzugehen, wenn wir zweifeln.

Aber Beziehungen entwickeln sich, sie werden uns nicht fix und fertig geliefert. Wir tragen die Verantwortung für diese Entwicklung, allerdings jeder nur für seinen Teil der Beziehung. Dem rauschhaften Einssein der ersten Verliebtheit folgen ernüchternde Entzweiungen. Während wir uns z. B. auf ein gemütliches Zusammensein am Abend freuen, hat der Partner plötzlich den Wunsch, für sich zu sein. Obwohl

unser Verstand uns sagt, daß das sein gutes Recht ist und nichts weiter zu bedeuten haben muß, spüren wir intensive Verlustängste. Haben wir dann den Mut dazu, unsere Gefühle aufrichtig mitzuteilen? Können wir dann gemeinsam eine Lösung für den Konflikt finden, ohne den anderen unter Druck zu setzen? Oder verschanzen wir uns hinter beleidigtem Schweigen, ziehen uns zurück und vermitteln dem anderen ein diffuses Schuldgefühl? Können wir eine Lösung finden, die Raum läßt für die Ansprüche beider Seiten? Oder müssen wir unter allen Umständen unsere egoistische Vorstellung durchsetzen, ohne Rücksicht auf die Wünsche des anderen?

Es ist ein Unterschied, ob wir uns ausschließlich davon leiten lassen, was uns guttut, oder ob wir uns darüber hinaus auch um die Ansprüche der Beziehung kümmern. Beziehungen brauchen gute Bedingungen, damit sie wachsen können. Sie sind am Anfang wie zarte Pflänzchen, die sorgsame Pflege brauchen. Auch wenn wir unseren Wunsch nach ständigem Beisammensein als unangemessen intensiv empfinden, verlangt er Beachtung. Er entspringt der aufkeimenden Beziehung und bedeutet nicht, daß wir jetzt wieder zum Zustand des Kleinkindes zurückkehren, das die permanente Gegenwart eines anderen Menschen verlangt. Für eine Weile ist sehr viel Aufmerksamkeit und liebevolle Fürsorge notwendig, bis sich die Beziehung etwas gefestigt hat. Dann kann sie unbeschadet Belastungen aushalten. So wie Eltern ihre eigenen Wünsche und Bedürfnisse eine Zeitlang hinter die ihres Kindes zurückstellen können, weil sie wissen, daß das nicht auf Dauer nötig sein wird, können auch die Partner vorübergehend ihre unabhängigen Wünsche in den Hintergrund rücken. Wenn dann mehr und mehr die Gewißheit wächst, beim anderen gut aufgehoben zu sein, entsteht das Vertrauen, daß diese Bindung erhalten bleibt, auch wenn der andere sich zeitweilig anderen Dingen zuwendet.

Auseinandersetzungen wegen unterschiedlicher Wünsche, Neigungen, Ansichten und Gewohnheiten können zur Entfremdung führen, aber auch die Beziehung vertiefen. Wenn z. B. einer der beiden die Angewohnheit hat, nach der Arbeit erst einmal eine Stunde Sport zu treiben, weil das seine Art ist, auf Freizeit umzuschalten, kann der andere das als ihn kränkende Zurückweisung erleben. Er braucht vielleicht diese Form des Übergangs nicht, weil er sich schneller umstellen kann. Leicht kommt es dann zum Vorwurf, der Sport sei wohl wichtiger als die Beziehung. Die offene Auseinandersetzung um diesen Punkt kann für beide ein Gewinn werden, wenn der eine versteht, daß der andere den Sport sozusagen als Vorbereitung braucht, um die Anspannung des Jobs loszuwerden und sich dann ganz dem anderen zuwenden zu können, und wenn der andere dann unbelastet von Schuldgefühlen seine Gewohnheit beibehalten kann.

Es eröffnet sich ein größerer Spielraum: Beide haben die Wahl, ob sie diese Zeit des Übergangs jeder für sich verbringen wollen, ob sie gemeinsam Sport treiben oder andere gemeinsame Formen dafür suchen wollen.
Die Voraussetzung, solche konstruktiven Auseinandersetzungen führen zu können, ist es zu akzeptieren, daß jeder trotz aller Liebe nicht nur ein Teil der Paarbeziehung ist, sondern auch ein eigenständiges Einzelwesen. Das Fremde am anderen, das beide zunächst voneinander trennt, kann dann zum Verbindenden werden. Die Beziehung ist dann das Dritte, ein immer dichter werdendes Geflecht, das sich zwischen unseren verschiedenen Aspekten entwickelt.

Chancen ...

»Im Sande gesucht,
Endlos am Ufer entlang.
Klippen und Grenzen überwunden.
Spuren gefunden.
Das Herz aus Freude
Die Brust zersprengt.
In der Ferne, am Horizont,
Eine Silhouette am Strand.
Ein Blitz mich trifft.
I bin gelähmt.
Zart Dein Herz mich fängt.
Ohnmacht über Nacht
Liebesfeuer entfacht,
Aus Zwei Eins gemacht.«

Arthur Merian

Zuerst wollte ich dieses Kapitel »Chancen und Risiken« nennen, habe mich aber dann, nach gründlicher Überlegung eines Besseren besonnen. Je mehr ich nämlich darüber nachdachte, desto deutlicher wurde mir, daß uns das »Ja« zum Mitmenschen, das sich im Flirt äußert, viel mehr gewinnen als verlieren läßt. Was riskieren wir schließlich, wenn wir freundlich auf einen anderen Menschen zugehen? – Er kann unser Angebot nicht wahrnehmen, oder er kann von unserer Freundlichkeit so überwältigt sein, daß er uns nie wieder loslassen will. Zwischen diesen beiden Extremen – der Abfuhr und der uns fesselnden Vereinnahmung – liegen unendlich viele Chancen, etwas zu erleben, das unseren Alltag bereichert: das kleine Geschenk eines erwärmenden Kontaktes; das Kennenlernen eines anderen Blickwinkels und damit die vielleicht zunächst noch winzige Erweiterung unseres geistigen Horizonts; das Knüpfen eines Beziehungsnetzes, das unserer ganz persönlichen Art entspricht. Die kleinen, unscheinbaren Veränderungen haben, wenn wir sie nur ein wenig beachten, große Auswirkungen. In den Flirtkursen erlebe ich immer wieder, wie manche Teilnehmer, ermutigt durch die Gruppe, in kleinen Schritten neues Verhalten ausprobieren und dadurch zu Veränderungen finden, die sie sich anfangs nicht hätten träumen lassen.

Marion, eine 32jährige Sonderschullehrerin, buchte den Kurs, weil sie nach Jahren des Alleinlebens mit ihrem Sohn jetzt einen passenden Partner finden wollte. Sie fand das Flirten an sich etwas peinlich, wollte darin nur Kenntnisse erwerben, damit sie, falls ihr »Traummann« ihr über den Weg laufen sollte, wissen würde, wie sie ihn für sich gewinnen könne. Ihr Alltag verlief in ruhigen Bahnen. Die meiste Freizeit verbrachte sie mit ihrem Sohn, der aber mittlerweile gern eigene Wege ging. Gelegentlich traf sie sich mit ihren Freundinnen, die sie schon lange kannte. Sie hoffte, durch einen Partner bekäme ihr Leben mehr Farbe. Allein ging sie ungern ins Kino oder zu einem Konzert. Durch die Übungen wurde ihr deutlich, daß sie anderen einiges zu bieten hat. Vorsichtig und zögernd, wie es ihre Art ist, versuchte sie, neue Menschen kennenzulernen. Sie war überrascht zu entdecken, daß Frauen und Männer ihr sehr schnell Vertrauen schenkten. Schließlich berichtete sie uns von einem Urlaub in einem großen Sporthotel. Anfangs hatte sie sich dort sehr verloren gefühlt. Dann hatte sie begonnen, die Gäste, die sie vom Sehen kannte, zu grüßen oder ein Wort an sie zu richten. Innerhalb kurzer Zeit kannte sie die meisten Menschen in diesem Hotel. Sie konnte stolz darauf sein, diese Fülle neuer Bekanntschaften ihrer eigenen Initiative zu verdanken, wo sie früher immer darauf angewiesen war, daß andere sie ansprachen. Sie war sehr erstaunt, wie viele Möglichkeiten zu Kontakten sie nicht nur sah, sondern auch ergreifen konnte. Wie sie sagte, haben ihr besonders

die Übungen geholfen, aus sich herauszugehen, die sie dazu bewegten, sich auf sich selbst zu besinnen.
Wie Marion empfinden viele Menschen eine stille Unzufriedenheit mit ihrem Leben. Es gibt zwar keine größeren Sorgen und Nöte, aber der Alltagstrott und die festgefügten, vertrauten Freundeskreise führen zu Langeweile. Man ist nicht wirklich traurig, aber es gibt wenig Freude und keine Überraschungen mehr. Alles hat sich auf ein ruhiges Gleichmaß eingependelt, ohne Höhen und Tiefen. Da entsteht leicht der Eindruck, die Lebendigkeit weiche immer mehr aus dem Leben. Manche Menschen resignieren dann, nehmen es hin und erklären sich diese Erscheinung als Vorboten des Alters. Dabei spielt es gar keine Rolle, ob jemand dreiunddreißig oder fünfundfünfzig Jahre alt ist. Wenn sie gelegentlich spüren, daß etwas in ihnen sich nicht damit abfinden will, rufen sie sich zur Ordnung und halten sich vor, daß sie doch eigentlich keinen wirklichen Grund zur Klage hätten. Sie nehmen die Unzufriedenheit, die Öde und das Gefühl, nur noch im ruhigen Wasser zu dümpeln, statt im Lebensfluß mitzufließen, als Zeichen dafür, daß alles langsam zu Ende geht. Dieser Zustand weist tatsächlich darauf hin, daß sich etwas zum Abschluß neigt. Immer, wenn wir uns in einem Lebenskreis sicher eingerichtet haben, alles kennen, den Überblick über unsere Tätigkeiten und Beziehungen haben, stellt sich Routine ein. Dann ist es an der Zeit, Zwischenbilanz zu ziehen und einmal den kleinen, »verrückten« Ideen Beachtung zu schenken. All die Wünsche, die immer wieder zurückgestellt wurden, weil es Wichtigeres gab, um das man sich kümmern mußte, tragen die Keime für eine Erneuerung in sich.
Manche Menschen in solch einer Lage spüren, daß sie etwas von draußen, von anderen Menschen brauchen, andere Freunde und andere Gemeinsamkeiten, andersartige Ver-

hältnisse. Vielleicht haben sich im Umgang mit den Freunden Rituale eingespielt, man trifft sich etwa zum Klönen über immer dieselben Themen. Da kann es sein, daß sich leise der Wunsch meldet, nicht nur so mit Menschen zusammenzusein und zu reden, sondern auch einmal etwas gemeinsam zu tun. Aber man weiß nicht was, und vage Vorschläge finden bei den Freunden und Bekannten keine Resonanz. Oder man hat das Gefühl, viel zu sehr in sich zu leben, im eigenen Schneckenhaus zu sitzen und nur sehr wenig mit anderen teilen zu können.

Es scheint paradox zu sein, aber der Weg nach draußen, zu anderen Beziehungen, führt zunächst einmal nach innen. Wenn wir erst einmal die eigenen Schätze begutachtet haben und feststellen, daß wir nicht mit leeren Händen dastehen, einiges zu bieten haben, können wir offener auf andere Menschen zugehen. Dann treibt uns nicht das nagende Gefühl des Mangels zum anderen, sondern wir können ruhig Ausschau halten nach den Menschen, die mit dem, was wir zu geben haben, etwas anfangen können. Das Bewußtsein, etwas Wertvolles zu geben zu haben, geht Hand in Hand mit dem Bewußtsein, dafür auch etwas beanspruchen zu können.

Vera, eine 43jährige Verwaltungsangestellte, war viele Jahre für andere die unerschöpflich Gebende gewesen. In der Verwandtschaft war sie die »liebe Tante«, die man jederzeit anrufen konnte, wenn Not am Mann war, und die mit Freuden zu Hilfe kam. Eine langjährige Beziehung war zu Ende gegangen, weil sie plötzlich merkte, daß sie ihre Wünsche und Bedürfnisse stets hinter die ihres Partners zurückstellte. Sie glaubte, die Ansprüche anderer seien wichtiger, als ihre. Danach hatte sie aufopfernd ihren kranken Vater gepflegt. Nach seinem Tod hatte sie Zwischenbilanz gezogen und war zu dem Schluß gekommen, daß sie ab jetzt mehr darauf achten wolle, ihre Wünsche zu verwirklichen. Ihre Hilfsbereitschaft, die Fähigkeit zu geben und die Fähigkeit, die Spannung unbefriedigter eigener Bedürfnisse in der Schwebe zu halten, kamen ihr auf einmal wie Schwächen vor, die von anderen ausgenutzt worden waren. Sie brauchte eine Weile, bis sie erkannte, daß das Problem nicht bei den anderen lag, sondern daß sie sich »unter Wert verkauft« hatte. Sie hatte nicht nur ihre Ansprüche für unwichtiger gehalten als die der anderen, sondern auch das geringgeschätzt, was sie anderen zu bieten hatte. Sie hatte an ihrem Wert gezweifelt und insgeheim gehofft, daß andere ihr Selbstwertgefühl stärkten. Dabei hatte sie übersehen, daß andere keineswegs über soviel Einfühlungsvermögen und Tatkraft verfügten wie sie selbst. Auf der Suche nach Anerkennung und Liebe hatte sie sich für andere verausgabt. Jede Bitte um Hilfe, egal von wem, löste bei ihr wie automatisch den entsprechenden Einsatz aus. Sie »konnte nicht nein sagen«, weil sie befürchtete, dann das bißchen Anerkennung auch noch zu verlieren. Erst als sie sich selbst als wertvollen Menschen akzeptierte, mit berechtigten Wünschen und Bedürfnissen, entdeckte sie, daß ihre guten Eigenschaften etwas sind, was sie von anderen unterscheidet. Es war für sie nun nicht länger etwas, das ihr Gefühl, weniger wert zu sein, ausgleichen sollte, sondern etwas, das sie in Austausch bringen konnte. Jetzt muß sie nicht länger auf jeden, der etwas braucht, eingehen, sondern hat die Wahl, wem sie etwas zugute kommen lassen will.

Beziehungen, so wie ich sie hier skizziere, sind etwas Verbindendes und gemeinsam Gestaltetes zwischen zwei Menschen, sie sind gemeinsame Werke. Wenn Sie sich zu jemandem hingezogen fühlen, spüren Sie die Möglichkeit eines Kontaktes, eines Austauschs, einer Beziehung. Warten Sie nicht darauf, daß der andere den ersten Schritt tut.

Vielleicht nimmt er diese Möglichkeit noch nicht wahr, oder er traut sich nicht, auf Sie zuzugehen. Geben Sie diesem Kontakt eine Chance. Wahrscheinlich haben Sie intuitiv etwas erfaßt, das für Sie beide eine Bereicherung sein kann. Es geht nicht um Ihre Person, die Sie anbieten und die abgelehnt werden kann, sondern um das, was zwischen Ihnen beiden vielleicht entstehen kann. So betrachtet, fällt es leichter, einmal über den eigenen Schatten zu springen. Wenn z. B. jemand beauftragt ist, Ihnen eine Information zukommen zu lassen, etwa die Sekretärin Ihres Chefs, dann wird sie das auch dann tun, wenn sie ein schüchterner Mensch ist. Es geht dabei ja um die Sache, die Information, weshalb die Verbindung hergestellt wird. Ebenso geht es um etwas Drittes, wenn Sie den Impuls verspüren, auf jemanden zuzugehen: den Kontakt.

Sich selbst kennenlernen

»Verglichen mit dem, was wir sein könnten, sind wir nur halb wach. Wir nützen nur einen kleinen Teil unserer physischen und geistigen Gaben. Mit anderen Worten: Der Mensch lebt weit unter seinen Möglichkeiten. Er verfügt über Kräfte verschiedenster Art, die er in den meisten Fällen gar nicht mobilisiert.«

William James

Die Mühe, mit vielen anderen Menschen in Kontakt zu treten, lohnt sich in vielfacher Hinsicht. Wir entdecken dabei nicht nur andere Standpunkte und Sichtweisen, sondern können uns dabei auch selbst immer besser kennenlernen.

Sie werden mit Erstaunen feststellen, mit wie vielen verschiedenen Menschen Sie ins Gespräch kommen können, wenn Sie erst einmal die irrige Annahme aufgegeben haben, es müsse schon von vornherein ein hohes Maß an Übereinstimmung dasein. Vielleicht bemerken Sie, daß z. B. der kleine Plausch mit einem Hausbesetzer, der neben Ihnen steht, während Sie beide gerade einem Straßensänger zuhören, interessanter und anregender ist als die Unterhaltung mit dem Kollegen, den Sie jedes Jahr auf einer Tagung treffen. Es muß nicht daran liegen, daß Ihr Kollege eben ein etwas hölzerner Mensch ist, sondern es kann sein, daß Sie im Augenblick berufliche Themen einfach satt haben. Sie müssen deshalb noch längst kein »Aussteiger« werden; Sie brauchen auch nicht die Ansichten des Hausbesetzers zu teilen. Es reicht, wenn Sie seinen Standpunkt respektieren. Es kann Sie zu neuen Gedanken anregen, wenn Sie einmal einen kleinen Blick in seine Wirklichkeit tun. Und vielleicht ist ja sein Vergnügen an der Straßenmusik gar nicht so verschieden von Ihrem.

Wenn wir uns selbst lieben und achten, so wie wir im Hin und Her unserer ganz persönlichen Geschichte geworden sind, dann können wir auch jeden anderen akzeptieren, ob er nun ein Angestellter der städtischen Müllabfuhr ist oder ein Universitätsprofessor. Wir sind dem einen als Mensch nicht überlegen, bloß weil wir vielleicht als Führungskraft einen besseren Sozialstatus haben. Und wir müssen dem anderen nicht mit ehrfürchtiger Unterordnung begegnen, nur weil wir uns in Experimentalphysik nicht so gut auskennen wie er.

Wenn wir um unseren eigenen Wert wissen, dann müssen wir unsere Vorzüge nicht wie in einem Bauchladen vor uns her tragen. Wir können das herausschauen lassen, was in dieser bestimmten Begegnung angesprochen wird. Dann können wir die Beachtung und das Interesse des anderen als

das annehmen, was sie sind: kleine Geschenke des Augenblicks.
Wir ersparen uns damit viele unnötige und den Kontakt störende Grübeleien, ob der andere uns auch »richtig« einschätzt. Wie könnte er es denn überhaupt, wo er uns doch gerade erst kennenzulernen beginnt? Niemand ist so einfältig, daß er bei einem ersten Kontakt schon völlig erkannt werden könnte. Aber in diesem Augenblick, in dem wir uns lebendig begegnen, kann ein Fünkchen interessierter Sympathie entstehen, das es für uns beide lohnend erscheinen läßt, den Kontakt zu vertiefen. Jeder gelungene Kontakt wird Sie ein bißchen mehr in der Gewißheit bestärken, daß Sie ein liebenswerter Mensch sind. Es sind keine anstrengenden Verrenkungen und abendfüllenden Darstellungen Ihrer Taten und Verdienste notwendig, um einem anderen zu gefallen. Die großen und kleinen Taten sollten Sie für sich selbst tun, weil viel in Ihnen steckt, das gelebt werden will.
Wenn Sie sich aufrichtig um ein Verständnis anderer Menschen bemühen, werden Sie nicht nur Einblicke in andere Lebensformen, Berufsfelder und Wertesysteme gewinnen, sondern dabei auch erkennen, worin Sie sich von anderen unterscheiden. Ohne das Kennenlernen anderer Wirklichkeiten erscheint uns vieles an uns selbst als selbstverständlich und wir nehmen es nicht mehr als etwas Besonderes wahr.
Was Sie für richtig und wichtig in Ihrem Leben halten und die Art, wie Sie Ihr Leben gestalten, hat sich im Laufe Ihrer ganz persönlichen Geschichte so entwickelt und als passend erwiesen. Die Tatsache, daß andere anders sind als Sie und anders leben, zeigt Ihnen nur, daß sie eine andere Geschichte hatten. Wenn Ihnen ein Besserwisser erzählt, Sie hätten »falsche« Ansichten oder machten irgend etwas verkehrt, verweisen Sie ihn in seine Schranken. Niemand ande-

rer als Sie selbst kann wirklich wissen, was für Sie gut und richtig ist. Es liegt ganz bei Ihnen, ob Sie eine Ansicht Ihres Gegenübers übernehmen wollen oder sich zu neuen Tätigkeiten und Interessen anregen lassen wollen. Wenn Sie jemand auf etwas an Ihnen aufmerksam macht, das Ihnen neu ist, dann nehmen Sie es zunächst einmal als Information an. Wir alle haben unsere »blinden Flecke« und kennen uns nicht durch und durch. Nehmen Sie diese Information als Denkanstoß, und prüfen Sie still für sich, ob etwas daran zutreffend sein könnte. Es kann schließlich auch sein, daß der andere etwas in Sie hineinsieht, das viel mehr über ihn aussagt als über Sie.

Beurteilen Sie Ihrerseits auch nicht vorschnell das, was Ihnen am anderen auffällt. Das, was Ihnen vielleicht als fehlende Zielstrebigkeit und laxe Nachgiebigkeit erscheint, kann auch die abwartende Haltung eines Menschen sein, der die Dinge sich erst einmal entfalten läßt, bevor er eingreift. Zunächst kommt es darauf an, mit offenen Sinnen das wahrzunehmen, was der andere in diesem Augenblick von sich sehen läßt. Erst, wenn wir uns näher kennengelernt haben, können wir uns ein Urteil bilden – wenn wir das dann noch wollen.

Freundlichkeit

Als ich zum ersten Mal im Radio zu meinen Flirtkursen interviewt wurde, sagte Julita Münch, die Moderatorin, es ginge beim Flirtenlernen wohl darum zu lernen, freundlicher mit seinen Mitmenschen umzugehen. Ich glaube, Freundlichkeit ist nicht nur eine Art Fluidum, das den Umgang zwischen verschiedenen Menschen und in unterschiedlichen Situationen erleichtert, sondern ist darüber hinaus auch ein Teil einer geistigen Haltung, die uns vor seelischen

Verletzungen, Kränkungen und Ärger schützen kann. Zu dieser Haltung gehört die Achtung sich selbst und anderen Menschen gegenüber, die Überzeugung, daß alles, was geschieht, sinnhaft ist und die Gewißheit, daß in uns und um uns herum alles im Fluß ist.

Ich weiß nicht, ob manchen Menschen die Freundlichkeit angeboren ist. Mir scheint, wir brauchen freundliches Verhalten nicht auf die Art zu lernen, wie wir die Vokabeln einer fremden Sprache auswendig lernen müssen, sondern es kommt darauf an, daß wir unsere Freundlichkeit zulassen. Wenn wir mit uns selbst einverstanden sind, stehen wir uns auch selbst freundlich und wohlwollend gegenüber. Da wir stets dazu neigen, nach Bestätigung für unsere Überzeugungen zu suchen, erwarten wir dann auch, daß andere uns freundlich gesonnen sind. Es ergibt sich dann von selbst, daß in all unsere Kontakte, ob es nun geschäftliche oder persönliche sind, Freundlichkeit einfließt.

Sicher, es gibt auch Feindseligkeit, Ärger, Mißtrauen. Wir können uns mißverstehen und in Auseinandersetzungen hart aneinandergeraten. Manchmal müssen wir mit anderen kämpfen und versuchen, uns durchzusetzen, weil wir überzeugt sind, die Sache, für die wir uns starkmachen, ist entwicklungsträchtig. Diese Auseinandersetzungen lassen sich wie Boxkämpfe austragen, oder sie lassen sich wie die an Tänze erinnernden Gefechte der asiatischen Kampfkunst gestalten.

Worum geht es im Grunde bei Auseinandersetzungen? Letzten Endes wollen wir Wirkungen erzielen. Das, was wir für gut und richtig halten, soll Raum erhalten und sich fortsetzen können. Wir können versuchen, das zu erreichen, indem wir anderen unsere Überzeugungen und unseren Willen aufzwingen. Wenn wir in einer mächtigeren Position sind als der andere, wird uns das gelingen. Aber wie lange wird der

andere die Dinge so tun, wie wir es verlangen, wenn er es gezwungenermaßen tut, und nicht, weil wir ihn davon überzeugen konnten? Rufen wir nicht seinen Gegenwillen hervor, wenn wir ihn seine Ohnmacht spüren lassen? Das wird zumindest dazu führen, daß er die Aufgabe, zu der wir ihn gezwungen haben, nur mit halbem Herzen ausführt, wenn er sie nicht gar untergründig zu sabotieren versucht. Damit haben wir ungünstige Bedingungen für unsere Sache geschaffen. Die freundlich geäußerte Bitte und der mit Freundlichkeit klar vertretene Standpunkt zeigen Respekt vor der Würde des anderen und machen es ihm leichter, sich für unsere Angelegenheit gewinnen zu lassen.
Viele Kontakte sind rein sachlich bestimmt: Wenn wir einkaufen gehen oder uns im Büro bei der Materialausgabe neues Schreibpapier holen, sind die Menschen, denen wir dabei begegnen, zunächst nur Vermittler von Sachen. Der Verkäufer und die Materialausgeberin können uns die Sachen wortlos wie Maschinen geben, sie können diese Situation aber auch, ebenso wie wir, mit dem Austausch von ein paar freundlichen Worten verknüpfen. Das ist ein kleiner Gewinn für beide Beteiligten. Darüber hinaus ist es viel schwieriger, einem freundlichen Menschen unfreundlich zu begegnen als einem gleichgültigen.
Wenn uns jemand ablehnt oder angreift, hat das viele Beweggründe. Wer auf wohlwollende Freundlichkeit von anderen eingestellt ist, wird von unangenehmen Erlebnissen persönlich weniger getroffen werden, als derjenige, der von aller Welt Feindseligkeit erwartet. Ihm fällt es leichter, die Beweggründe für das Verhalten des anderen zu finden, die mit dessen momentaner Lage zu tun haben, und darauf zu reagieren, statt die Ablehnung persönlich zu nehmen. Zum Beispiel kann ich mich darüber ärgern, daß mich jemand nicht anruft, von dem ich gern einmal wieder etwas hören

würde. Ich kenne seine Beweggründe nicht. Es kann sein, daß er nichts mit mir zu tun haben will. Es kann aber auch sein, daß er im Moment sehr beschäftigt ist mit nervenaufreibenden Dingen und mir seine Reizbarkeit nicht zumuten will. Vielleicht möchte er lieber in einer entspannten und aufnahmefähigen Verfassung mit mir plaudern. Es liegt bei mir, mir Klarheit über die Gründe des mich ärgernden Verhaltens zu verschaffen. Häufig sind die Dinge nicht so, wie sie uns auf den ersten Blick erscheinen. Wenn wir nach den positiven Aspekten einer Angelegenheit suchen, kommen wir nicht nur leichter über unangenehme Erlebnisse hinweg, sondern wir finden dann auch wieder einen Weg zum anderen.

Alles in allem können uns die freundlichen, spielerischen Kontakte, wozu uns das Flirten verhelfen kann, viele kleine und größere Streicheleinheiten und Quellen der Anregung erschließen, die unser Leben auf Dauer wärmer, bunter und spannender machen.

Literatur

Kathrin Asper: *Verlassenheit und Selbstentfremdung,* München 1990

Georg K. Bach, Ronald M. Deutsch: *Pairing,* Reinbek bei Hamburg 1988

Dirk Blothner: *Über das Flirtspiel,* in: Zwischenschritte, Beiträge zu einer morphologischen Psychologie 2/86, Köln

Leslie Cameron-Bandler: *Wieder zusammenfinden,* Paderborn 1983

Ruth C. Cohn: *Von der Psychoanalyse zur themenzentrierten Interaktion,* Stuttgart 1990

Julius Fast: *Körpersprache,* Reinbek bei Hamburg 1990

John Grinder, Richard Bandler: *Therapie in Trance,* Stuttgart 1989

Arno Gruen: *Der Verrat am Selbst,* München 1992

Thomas A. Harris: *Ich bin o. k. – Du bist o. k.,* Reinbek bei Hamburg 1981

Amy B. Harris, Thomas A. Harris: *Einmal o. k. – immer o. k.,* Reinbek bei Hamburg 1990

Verena Kast: *Paare,* Stuttgart 1985

Rainer E. Kirsten, Joachim Müller-Schwarz: *Gruppentraining,* Reinbek bei Hamburg 1991

Heinz Kohut: *Narzißmus,* Frankfurt/M. 1976

Salvador Minuchin: *Familienkaleidoskop,* Reinbek bei Hamburg 1988

Michel de Montaigne: *Essais,* Zürich 1953

Ingrid Riedel: *Die Kunst der Abhängigkeit,* in: P. Buchheim, M. Cierpka, Th. Seifert (Hrsg.): Psychotherapie im Wandel/Abhängigkeit, Berlin 1991

Martin E. Seligmann: *Pessimisten küßt man nicht,* München 1991

Paul Watzlawick, John H. Beavin, D. D. Jackson: *Menschliche Kommunikation,* Bern 1990

Paul Watzlawick, John H. Weakland, Richard Fisch: *Lösungen,* Bern 1988

Paul Watzlawick: *Die Möglichkeit des Andersseins,* Bern 1991

Paul Watzlawick: *Anleitung zum Unglücklichsein,* München 1986